Hugo's Simplified System

D0526310

Hungarian
Phrase Book

Hugo's Language Books Limited

Compiled by
Lexus Ltd
with
Laszlo Szigeti

*Facts and figures given in this book were
correct when printed. If you discover any
changes, please write to us.*

2nd impression 1993

Set in 9/9 Plantin Light by
Typesetters Ltd., Hertford
Printed and bound by
Page Bros, Norwich

CONTENTS

Preface	4
Introduction, Pronunciation	5
Useful Everyday Phrases	8
Days, Months, Seasons	14
Numbers	15
Time	18
Hotels	21
Motoring	27
Rail Travel	34
Air Travel	42
Local Public Transport, Taxi, Boat & Coach	47
Doing Business	52
Restaurants	58
Menu Guide	62
Shopping	77
Sport	84
Post Offices & Banks	88
Telephones	92
Health	98
Mini-Dictionary	105

PREFACE

This Hungarian Phrase Book has the same excellent pedigree as others in the Hugo series, having been compiled by experts to meet the general needs of tourists and business travellers. Arranged under the usual headings of 'Hotel', 'Motoring' and so forth, the ample selection of useful words and phrases is supported by an 1800-line mini-dictionary. By cross-reference to this, scores of additional phrases may be formed. There is also an extensive menu guide listing over 500 dishes or methods of cooking and presentation.

Highlighted sections illustrate some of the replies you may be given, and the signs or instructions you may see or hear. The pronunciation of all words and phrases in the main text is imitated in English sound syllables, and particular characteristics of Hungarian are illustrated in the Introduction. You should have no difficulty managing the language, especially if you use our audio-cassette of selected extracts from the book. Ask your bookseller for the Hugo Hungarian Travel Pack.

INTRODUCTION

PRONUNCIATION

When reading the imitated pronunciation, pronounce each syllable as if it formed part of an English word, and you will be understood sufficiently well. Remember the points below, and your pronunciation will be even closer to correct Hungarian. The first syllable of each word should be stressed and double consonants should be pronounced (eg as in Ben Nevis).

a	as the long 'a' in father
ay	as in 'pay'
e	as in 'Ted'
ew	similar to the sound in 'hew'
g	always as in 'goat'
i	as in 'bit'
o	as in the 'ou' in 'ought'
u	as in 'tuck'
y	always as in 'yes' (except as in *ay* above)
yuh	as the 'yu' in 'yucca' but only slightly sounded
zh	like the 's' in leisure

SUMMARY OF SPECIAL CHARACTERISTICS IN HUNGARIAN

In Hungarian, every vowel forms a syllable, so all vowels must be pronounced individually, even when several follow each other. The acute accent is often a mark of lengthening only, such as in the case of the pairs **o/ó**, **u/ú**, **ö/ő** and **ü/ű** (yes, you have to look closely to see the difference between each in the last two pairs!). However this is not the case with **a/á** and **e/é**; here, each letter has a completely different sound – as also happens with **o/ö** and **u/ü**. It is very important, therefore, to distinguish between these sounds, as failure to do so may result in lack of comprehension. The sounds of Hungarian vowels (**a, e, i, o, u**), as modified by various accents, are approximated below, together with those consonants that are not pronounced as in English.

a is similar to the 'u' in 'tuck'
á is a long 'a' as in 'father'
c 'ts' as in 'lots'
cs 'ch' as in 'church'
é 'ay' as in 'pay'
gy is similar to the 'de' in 'dew' or the 'du' in 'duration'
í as 'ee' in 'weed'
j as the 'y' in 'yet' or 'yawn'
ly as the 'y' in 'yet' or 'yawn'
ny is similar to the 'nu' in 'tenure' or the 'ni' in 'onion'
o is similar to the 'ou' in 'ought'
ó as the word 'awe'
ö similar to the 'ur' in 'fur'
ő similar to the 'ur' in 'fur' but longer
s 'sh' as in 'shop'
sz 's' as in 'soap'
ty as the 'tu' in 'tune' or 'Tuesday'
u as the 'oo' in 'moon'
ú as the 'oo' in 'moon' but longer
ü similar to the 'ew' in 'hew'
ű similar to the 'ew' in 'hew' but longer
zs similar to the 's' in 'vision' or 'measure'

A striking feature of Hungarian is the preponderance of suffixes, which may vary according to the vowel in the root of the word. For example, directions are generally expressed by attaching one of several alternative suffixes to the end of the word, the choice being based on the greater harmony between the root and the extra syllable, thus **az étterem-ben** (in the restaurant), but **a bár-ban** (in the bar); **a vár-ba** (into the castle), but **a medencé-be** (into the pool); **a sziget-re** (onto the island), but **az út-ra** (onto the road) etc.

When asking for something specific, such as the bill, a ticket, stamps etc, you will be better understood in general if you add a -t to the end of the word in Hungarian. For example, **'kérem a számlát?'** (*kayrem uh samlat* 'could I have the bill?'); **'kérek egy jegyet?'** (*kayrek ed-yuh yed-yet* 'could I have a ticket?').

Finally, a note on polite forms of speech: there are three words for 'you' in Hungarian: **te** *teh* (informal), **maga** *muguh* (commonly used) and **ön** *urn* (formal). **Te** (or **ti**, in the plural) is only appropriate with children, close friends and acquaintances of your own age. Although the more general **maga** is widely used in addressing all types of people, it may be considered impolite by some Hungarians. To be on the safe side, we recommend that you use the polite form **ön** (plural **önök** *urnurk*) in all cases.

USEFUL EVERYDAY PHRASES

Yes/no
Igen/nem
igen/nem

Thank you/no thank you
Köszönöm/köszönöm nem
kurssurnurm/kurssurnurm nem

Please *(offering)*
Tessék
teshayk

Please *(asking for something)*
Kérem
kayrem

I don't understand
Nem értem
nem ayrtem

Do you speak English/French/German?
Beszél angolul/franciául/németül?
bessayl ungolool/fruntsia-ool/naymet-ewl

I can't speak Hungarian
Nem beszélek magyarul
nem bessaylek mud-yarool

I don't know
Nem tudom
nem toodom

Please speak more slowly
Tessék lassabban beszélni
teshayk lushubbun bessaylni

Please write it down for me
Legyenszives leírni
led-yenssivesh leh-eerni

My name is ...
A nevem ...
uh nevem ...

How do you do, pleased to meet you
Örülök, hogy megismerhettem
ur-rewlurk hod-yuh megishmerhettem

Good morning
Jóreggelt kívánok
yawreggelt keevanok

Good afternoon/good evening
Jónapot/jóestét
yawnupot/yaw-eshtayt

Good night
Jóéjszakát/jóéjt
yaw-ayssukat/yaw-ayt

Goodbye
Viszontlátásra
vissontlatashruh

How are you? *(formal)*
Hogy van?
hod-yuh vun

USEFUL EVERYDAY PHRASES

How are you? *(informal)*
Hogy vagy?
hod-yuh vud-yuh

Excuse me please
Bocsánatot kérek
bochanutot kayrek

Sorry!
Elnézést!
elnayzaysht

I'm really sorry
Igazán nagyon sajnálom
iguzan nud-yon shuh-yunalom

Can you help me?
Kérhetem a segítségét?
kayrhetem uh shegeechaygayt

Can you tell me ...?
Meg tudná mondani, hogy ...?
meg toodnah monduni hod-yuh

Can I have ...?
Kaphatnék egy ...?
kuphutnayk ed-yuh

I would like ...
Szeretnék egy ...
seretnayk ed-yuh

Is there ... here?
Van itt ... ?
vun itt

Where can I get ...?
Hol kaphatok ...-t?
hol kuphutok ...-t

How much is it?
Mennyibe kerül?
menn-yibeh kerewl

What time is it?
Hány óra van?
han-yuh awruh vun

I must go now
Mennem kell
mennem kell

I'll be late
Elkések
elkayshek

I've lost my way
Eltévedtem
eltayved-tem

Cheers!
(formal) Egészségére!/*(informal)* egészségedre!
egayss-shaygayreh/egayss-shaygedreh

Do you take credit cards?
Elfogadják a hitelkártyákat?
elfogud-yak uh hitelkart-yakut

Where is the toilet?
Hol van a WC?
hol vun uh vaytsay

Go away!
Hagyjon békén!
hud-yon baykayn

Excellent!
Nagyszerű!
nud-yusserew

THINGS YOU'LL HEAR

bocsánat!	sorry!
bocsánatot kérek!	excuse me!
elnézést (kérek)!	sorry!
helló!	hey!
hogy van?	how are you?
igaza van	you're right, he is right
kezitcsókolom	hello *(literally 'kiss-the-hand'; a polite greeting offered to women by children and men)*
kösz	thanks
köszönöm, nagyon jól	very well, thank you
– és ön?	– and you?
nem értem	I don't understand
nem tudom	I don't know
pardon	excuse me
örvendek	how do you do, nice to meet you
szevasz!/szia!	hi!
szivesen	you're welcome
tényleg?	is that so?
tessék?	pardon?
tessék (parancsolni)	here you are
tessék befáradni	come straight in
tessék vigyázni!	look out!
úgy van	that's right
vigyázz/vigyázzon	look out!
viszontlátásra	goodbye

→

THINGS YOU'LL SEE

árleszállítás	discount
bejárat	way in, entrance
belépés díjtalan/belépés ingyenes	admission free
csendet kérünk	silence please
eladó	for sale
felvonó	lift
férfi/férfiak	men
foglalt	engaged, reserved
frissen mázolva	wet paint
hölgyek	ladies
húzni	pull
ivóvíz	drinking water
kassza	till
kiárusítási vásár	closing down sale
kijárat	way out
látogatási idő	visiting hours
leértékelés	discount, sale
magánlakás/magántulajdon	private/private property
mosdó	toilet
nők/női	women
nyári vásár	summer sales
nyári szünet	closed for summer vacation
nyitva	open
nyitvatartási idő	opening hours
pénztár	till
szabadság miatt zárva	closed for holiday period
tilos a belépés/tilos a bemenet	no admittance
tolni	push
urak	gentlemen
ügyfélfogadási idő	office hours
ünnepi nyitvatartás	bank holiday opening time
vészkijárat	emergency exit
zárva	closed

Sunday	vasárnap	*vusharnup*
Monday	hétfő	*haytfur*
Tuesday	kedd	*kedd*
Wednesday	szerda	*serduh*
Thursday	csütörtök	*chewturturk*
Friday	péntek	*payntek*
Saturday	szombat	*sombut*

January	január	*yunoo-ar*
February	február	*febroo-ar*
March	március	*martsi-oosh*
April	április	*aprilish*
May	május	*mah-yoosh*
June	június	*yooni-oosh*
July	július	*yooli-oosh*
August	augusztus	*owgoosstoosh*
September	szeptember	*september*
October	október	*oktawber*
November	november	*november*
December	december	*detsember*

Spring	tavasz	*tuvuss*
Summer	nyár	*n-yar*
Autumn	ősz	*urss*
Winter	tél	*tayl*

Christmas	karácsony	*kurachon-yuh*
Christmas Eve	szenteste	*senteshteh*
Good Friday	nagypéntek	*nud-yupayntek*
Easter	húsvét	*hooshvayt*
Whitsun	pünkösd	*pewnkurshd*
New Year	újév	*oo-yayv*
New Year's Eve	szilvester	*silvester*

NUMBERS

0 nulla *noolluh*
1 egy *ed-yuh*
2 kettő, két *kettur, kayt*
3 három *harom*
4 négy *nayd-yuh*
5 öt *urt*
6 hat *hut*
7 hét *hayt*
8 nyolc *n-yolts*
9 kilenc *kilents*
10 tíz *teez*
11 tizenegy *tizened-yuh*
12 tizenkettő *tizenkettur*
13 tizenhárom *tizenharom*
14 tizennégy *tizen-nayd-yuh*
15 tizenöt *tizenurt*
16 tizenhat *tizenhut*
17 tizenhét *tizenhayt*
18 tizennyolc *tizenn-yolts*
19 tizenkilenc *tizenkilents*
20 húsz *hooss*
21 huszonegy *hoossoned-yuh*
22 huszonkettő *hoossonkettur*
30 harminc *harmints*
31 harmincegy *harmintsed-yuh*
32 harminckettő *harmintskettur*
40 negyven *ned-yuven*
50 ötven *urtven*
60 hatvan *hutvun*
70 hetven *hetven*
80 nyolcvan *n-yoltsvun*
90 kilencven *kilentsven*
100 száz *saz*
110 száztíz *sazteez*

200	kétszáz	*kayt-saz*
300	háromszáz	*haromssaz*
400	négyszáz	*nayd-yussaz*
500	ötszáz	*urt-saz*
600	hatszáz	*hut-saz*
700	hétszáz	*hayt-saz*
800	nyolcszáz	*n-yolts-saz*
900	kilencszáz	*kilents-saz*
1000	ezer	*ezer*
10,000	tízezer	*teezezer*
20,000	húszezer	*hoosezer*
100,000	százezer	*sazezer*
1,000,000	millió	*milliaw*

THE CALENDAR

1st	elseje	*elsheh-yeh*
2nd	második	*mashodikuh*
3rd	harmadika	*harmudikuh*
4th	negyedike	*ned-yedikeh*
5th	ötödike	*urturdikeh*
6th	hatodika	*hutodikuh*
7th	hetedike	*hetedikeh*
8th	nyolcadika	*n-yoltsudikuh*
9th	kilencedike	*kilentsedikeh*
10th	tizedike	*tizedikeh*
11th	tizenegyedike	*tizened-yedikeh*
12th	tizenkettedike	*tizenkettedikeh*
13th	tizenharmadika	*tizenharmudikuh*
14th	tizennegyedike	*tizenned-yedikeh*
15th	tizenötödike	*tizenurturdikeh*
16th	tizenhatodika	*tizenhutodikuh*
17th	tizenhetedike	*tizenhetedikeh*
18th	tizennyolcadika	*tizenn-yoltsudikuh*
19th	tizenkilencedike	*tizenkilentsedikeh*
20th	huszadika	*hoossudikuh*
21st	huszonegyedike	*hoossoned-yedikeh*

22nd	huszonkettedike	*hoossonkettedikeh*
23rd	huszonharmadika	*hoossonharmudikuh*
24th	huszonnegyedike	*hoossonned-yedikeh*
25th	huszonötödike	*hoossonurturdikeh*
26th	huszonhatodika	*hoossonhutodikuh*
27th	huszonhetedike	*hoossonhetedikeh*
28th	huszonnyolcadika	*hoossonn-yoltsudikuh*
29th	huszonkilencedike	*hoossonkilentsedikeh*
30th	harmincadika	*harmintsudikuh*
31st	harmincegyedike	*harmintsed-yedikeh*

TIME

today	ma	*muh*
yesterday	tegnap	*tegnup*
tomorrow	holnap	*holnup*
the day before yesterday	tegnapelőtt	*tegnupelurt*
the day after tomorrow	holnapután	*holnupootan*
this week	a héten	*uh hayten*
last week	múlt héten	*moolt hayten*
next week	jövő héten	*yurvur hayten*
this morning		
(4 to 9 am)	ma reggel	*muh reggel*
(9 am to noon)	délelőtt	*daylelurt*
(midnight to 4 am)	ma éjjel	*muh ay-yel*
this afternoon	ma délután	*muh daylootan*
this evening	ma este	*muh eshteh*
tonight	ma éjjel	*muh ay-yel*
yesterday afternoon	tegnap délután	*tegnup daylootan*
last night	múlt éjjel	*moolt ay-yel*
tomorrow morning		
(4 to 9 am)	holnap reggel	*holnup reggel*
(9 am to noon)	holnap délelőtt	*holnup daylelurt*
tomorrow night		
(early)	holnap este	*holnup eshteh*
(late)	holnap éjjel	*holnup ay-yel*
in three days	három nap múlva	*harom nup moolvuh*
within three days	három napon belül	*harom nupon belewl*
three days ago	három nappal ezelőtt	*harom nuppul ezelurt*
this year	idén	*idayn*
last year	tavaly	*tuvuh-yuh*

18

next year	jövőre	*yurvur-reh*
late	késő	*kayshur*
early	korán	*koran*
soon	nemsokára	*nemshokaruh*
later on	később	*kayshurb*
at the moment	pillanatnyilag	*pillunutn-yilug*
second	másodperc	*mashodperts*
minute	perc	*perts*
one minute	egy perc	*ed-yuh perts*
two minutes	két perc	*kayt perts*
quarter of an hour	negyedóra	*ned-yedawruh*
half an hour	félóra	*fuylawruh*
three quarters of an hour	háromnegyedóra	*haromned-yedawruh*
hour	óra	*awruh*
that day	aznap	*uznup*
every day	mindennap	*mindennup*
all day	egész nap	*egayss nup*
the next day	másnap	*mashnup*

TELLING THE TIME

Minutes past the hour are expressed by **... perccel múlt ...** *(pertsel moolt)*, so 'ten past three' is **tíz perccel múlt három** *(teez pertsel moolt harom)*. For minutes to the hour, the expression **... perc múlva ...** *(perts moolvuh)* is used, so 'ten to three' is **tíz perc múlva három** *(teez perts moolvuh harom)*.

Half past and quarter hours are referred to the hour approaching, so 'half past three' becomes **fél négy** *(fayl nayd-yuh)*, literally 'half four'; 'quarter past three' is **negyed négy** *(ned-yed nayd-yuh)*, literally 'quarter four'; and 'quarter to four' is **háromnegyed négy** *(haromned-yed nayd-yuh)*, literally 'three quarters four'.

In the simplest, though not quite as common, way of telling the time, the word for the hours comes first, followed by **óra** *(awruh)* 'hour' and the number of the minutes; thus 'three ten' can also be expressed as **három óra tíz** *(harom awruh teez)*; 'three fifty' as

három óra ötven *(harom awruh urtven)*; 'three fifteen' as **három óra tizenöt** *(harom awruh tizenurt)*; 'three thirty' as **három óra harminc** *(harom awruh harmints)* and 'three forty five' as **három óra negyvenöt** *(harom awruh ned-yuvenurt)*.

D.e. (am) and d.u. (pm) are rarely used, and then only in writing; if the context is not clear, Hungarians specify the time of day, such as **reggel kilenc** *(reggel kilents)* 'nine in the morning', or **este kilenc** *(eshteh kilents)* 'nine in the evening'. Early morning times are referred to as 'night', for example **éjjel három óra** *(ay-yel harom awruh)*, literally 'three at night', but **reggel fél öt** *(reggel fayl urt)* means 'half past four in the morning'.

In official lists, timetables and broadcasts time is always given in the 24-hour clock which is also commonly used for everyday appointments and enquiries.

am	d.e./délelőtt	*daylelurt*
pm	d.u./délután	*daylootan*
one o'clock	egy óra	*ed-yuh awruh*
ten past one	tíz perccel múlt egy	*teez pertsel moolt ed-yuh*
quarter past one	negyed kettő	*ned-yed kettur*
half past one	fél kettő	*fayl kettur*
twenty to two	húsz perc múlva kettő	*hooss perts moolvuh kettur*
quarter to two	háromnegyed kettő	*haromned-yed kettur*
two o'clock	két óra	*kayt awruh*
13.00	tizenhárom óra, egy óra	*tizenharom awruh, ed-yuh awruh*
16.30	tizenhat óra harminc	*tizenhut awruh harmints*
at half past five	fél hatkor	*fayl hutkor*
at seven o'clock	hét órakor	*hayt awrukor*
noon	dél	*dayl*
midnight	éjfél	*ayfayl*

HOTELS

A wide selection of hotel accommodation is available to travellers all over the country. Hotels are graded from 1 to 5 stars, following the international standard, and are often at least part-owned by an international hotel chain, such as Hyatt, Penta, Husa, InterContinental, Novotel, etc. All major towns or tourist resorts will have at least one quality hotel; the cheaper local hotels are considerably more modest. Recent events have favoured the appearance of small privately-owned establishments called **panzió** (*punzi-aw*) or **fogadó** (*fogudaw*). These are generally excellent value for money and are similar to bed-and-breakfasts.

Travellers on a low budget are well advised to look out for **fizetővendégszolgálat** (*fizeturvendaygssolgalut*), paying guest service, which is available through local tourist offices and railway stations in all major towns and resorts. This service allows you to rent the spare room in family homes and is perhaps the best way to experience traditional values of hospitality. Families or individuals looking for more privacy may hire independent flats as part of the same service for about twice the price.

In the summer period university campuses are available for cheap accommodation through the youth travel agency **Expressz**. Extremely cheap – hence extremely basic – group accommodation is available throughout the country in traditional hostels called **túristaszálló** (*toorishtussallaw*), while the similar **túristaház** (*toorishtuh-haz*) are establishments offering rudimentary chalet-type accommodation (8 or more beds to a room) in less accessible areas – generally at the end of a forest path.

USEFUL WORDS AND PHRASES

balcony	erkély	*erkay*
bath	fürdő	*fewrdur*
bathroom	fürdőszoba	*fewrdurssobuh*
bed	ágy	*ad-yuh*

bedroom	hálószoba	*halawssobuh*
bill	számla	*samluh*
breakfast	reggeli	*reggeli*
dining room	étterem	*aytterem*
dinner	vacsora	*vuchoruh*
double room	duplaágyas szoba	*doopluh-ad-yush sobuh*
foyer	hall	*hull*
full board	teljes ellátás	*tel-yesh ellatash*
half board	fél panzió	*fayl punzi-aw*
hotel	szálloda	*salloduh*
key	kulcs	*koolch*
lift	lift	*lift*
lounge	szalon	*sulon*
lunch	ebéd	*ebayd*
manager	igazgató	*iguzgutaw*
reception	recepció	*retseptsi-aw*
receptionist	recepcionista, portás	*retseptsionishtuh, portash*
restaurant	étterem	*aytterem*
room	szoba	*sobuh*
room service	szobaszervíz	*sobusserveez*
shower	zuhany	*zoohun-yuh*
shower room	zuhanyozó	*zoohun-yozaw*
single room	egyágyas szoba	*ed-yad-yush sobuh*
suite	lakosztály	*lukossta-yuh*
toilet	WC	*vaytsay*
TV	tévé	*tayvay*
twin room	kétágyas szoba	*kaytad-yush sobuh*

Have you any vacancies?
Van kiadó szobájuk?
vun ki-udaw soba-yook

I have a reservation
Foglaltam egy szobát
foglultum ed-yuh sobat

I'd like a single/double room
Szeretnék egy egyágyas/duplaágyas szobát kivenni
seretnayk ed-yuh ed-yad-yush/doopluh-ad-yush sobat kivenni

I'd like a room with a bathroom/balcony
Fürdőszobás/erkélyes szobát szeretnék
fewrdurssobash/erkay-yesh sobat seretnayk

I'd like a room for one night/three nights
Egy/három éjszakára szeretnék egy szobát kivenni
ed-yuh/harom ayssukaruh seretnayk ed-yuh sobat kivenni

What is the charge per night?
Mennyibe kerül a szoba egy éjszakára?
menn-yibeh kerewl uh sobuh ed-yuh ayssukaruh

REPLIES YOU MAY BE GIVEN

Sajnálom, megtelt
I'm sorry, we're full

Nincs több egyágyas szobánk
There are no single rooms left

Nincs több duplaágyas szobánk
There are no double rooms left

Hány éjszakára?
For how many nights?

Hogyan szándékozik fizetni?
How will you be paying?

Előre kell fizetni
Please pay in advance

I don't know yet how long I'll stay
Még nem tudom meddig maradok
mayg nem toodom meddig murudok

When is breakfast/dinner?
Mikor szolgálják a reggelit/vacsorát?
mikor solgal-yak uh reggelit/vuchorat

Would you have my luggage brought up?
Legyenszives felvitetni a csomagomat a szobámba
led-yenssivesh felvitetni uh chomugomut uh sobambuh

Please call me at ... o'clock
Legyenszives ... órakor felhívni
led-yenssivesh ... awrukor felheevni

Can I have breakfast in my room?
Kérem a reggelit a szobámban felszolgálni
kayrem uh reggelit uh sobambun felssolgalni

I'll be back at ... o'clock
... órára visszajövök
... awraruh vissuh-yurvurk

My room number is ...
Szobaszámom ...-es
sobussamom ...-esh

I'm leaving tomorrow
Holnap elutazom
holnup elootuzom

Can I have the bill please?
Legyenszives elkészíteni a számlát
led-yenssivesh elkaysseeteni uh samlat

I'll pay by credit card
Hitelkártyával fizetek
hitelkart-yavul fizetek

I'll pay cash
Készpénzzel fizetek
kaysspaynzel fizetek

Can you get me a taxi?
Rendeljen kérem egy taxit
rendel-yen kayrem ed-yuh tuxit

Can you recommend another hotel?
Tud egy másik szállodát ajánlani?
tood ed-yuh mashik sallodat uyanluni

THINGS YOU'LL SEE

duplaágyas szoba	double room
ebéd	lunch
egyágyas szoba	single room
em.	floor
emelet	floor
étterem	restaurant
foglalt	reserved, engaged
fél-penzió	half-board
felvonó	lift
férfi	gentlemen
földszint	ground floor
fszt.	ground floor
fürdőszoba	bathroom
hölgyek	ladies
húzni	pull
kétágyas szoba	twin room

→

25

megtelt	no vacancies
mosdók	lavatories
női	ladies
pénzváltás	currency exchange
porta	reception
reggeli	breakfast
reggeli nélkül	without breakfast
reggelivel	breakfast included
számla	bill
szoba kiadó	rooms to let
teljes ellátás	full board
tolni	push
urak	gentlemen
vacsora	dinner, supper
vészkijárat	emergency exit
zuhanyozó	shower

MOTORING

As everywhere else on the Continent, drive on the right, overtake on the left. At crossings priority is with the vehicle approaching from the right, unless you are driving on a main road, indicated by a yellow diamond road sign, when you have priority. Speed limits are 60 kph (37 mph) in built-up areas, 80 kph (50 mph) on secondary roads, 100 kph (62 mph) on trunk-roads and 120 kph (75 mph) on motorways. Make sure you do not exceed these limits, as you can be fined on the spot for speeding.

Safety regulations are extremely stringent. You must have a valid green card covering you for driving in Hungary which you can obtain from your insurance broker. Cars should be fitted with rubber mudflaps and display a nationality sticker. Children under six are prohibited from travelling in the front seat, and you are required by law to carry a red warning triangle (for display in case of breakdown), a first-aid kit and a set of spare bulbs. Seat belts are compulsory and crash-helmets must be worn on scooters as well as on motorcycles. Pedestrians have right of way even where there is no pedestrian crossing. The law is particularly severe on drinking and driving and the legal limit is ZERO. Fines are heavy and you may even find yourself kept in police custody.

Petrol is sold by the litre and there are three main types: **extra** (98 octane, equivalent to our 4-star), **szuper** (92 octane) and **normál** (86 octane – not recommended). Unleaded (95 octane) petrol **ólommentes** *(awlommentesh)* is sold only at select filling stations – a list of addresses can be obtained at the border or in tourist offices. Note that diesel is only sold to foreigners who have purchased coupons at travel agencies on the border or in major hotels. There is no refund for unused coupons, which may call for some detailed planning ahead. Petrol stations are normally open from 6 am to 10 pm, with a handful open round the clock. It is advisable to take a selection of spare parts with you as these are difficult to obtain for foreign cars.

If your car breaks down, call on the very efficient service of the **sárga angyal** *(sharguh und-yul)* provided by the Hungarian

27

MOTORING

Automobile Club (**Magyar Autóklub**). These 'yellow angels' are
small cars painted yellow and generally positioned along major roads
at certain junctions – look out for the sign **segélyszolgálat** meaning
'relief service'. They can be called by phoning the Club or, if you
are on the motorway, by using one of the yellow telephones that
you will find at every two kilometres.

SOME COMMON ROAD SIGNS

állandó használat	in constant use
behajtani tilos	no entry
bejárat	entrance
bukkanó	uneven road surface
buszsáv	bus lane
centrum	town centre
elsősegélyhely	first aid station
figyelem	caution
forgalomelterelés	traffic diversion
gépkocsival behajtani tilos	no entry for cars
gyalogosforgalom a bal oldalon	pedestrians keep to the left
gyalogosforgalom a túloldalon	pedestrians cross over
hibás úttest	bad surface
iskola	school
kijárat	exit
kórház	hospital
korlátozott várakozás	limited waiting
lassan hajts	slow
óvatosan hajts	drive with caution
parkolóház	multistorey car park
pihenő	lay-by
szervíz	garage
teherautók számára fenntartott	for heavy vehicles

→

terelőút	diversion	
tilos az átjárás	no trespassing	
útépítés	roadworks	
úthibák	bad surface	
várakozni tilos	no waiting	
vége	end	
veszély	danger	
veszélyes útszakasz	dangerous stretch of road	
vigyázz	caution	
zsákutca	dead end	

USEFUL WORDS AND PHRASES

boot	csomagtartó	*chomugtartaw*
brake *(noun)*	fék	*fayk*
breakdown	műszaki hiba	*mewssuki hibuh*
breakdown service	autómentő	*owtawmentur*
car	autó	*owtaw*
caravan	lakókocsi	*lukawkochi*
clutch	kuplung	*kooploong*
crossroads	útkereszteződés	*ootkeress-tezurdaysh*
diesel	diesel, dízel	*deezel*
diesel coupon	dízel kupon	*deezel koopon*
drive	vezetni	*vezetni*
engine	motor	*motor*
exhaust	kipufogócső	*kipoofogawchur*
fanbelt	ékszíj	*aykssee-yuh*
flat tyre	defekt	*defekt*
garage	szervíz	*serveez*
(for repairs)	autójavítóműhely	*owtawyuvitawmoowhah-yuh*
(for petrol)	benzinkút	*benzinkoot*
gear	sebváltó	*shebvaltaw*
gears	sebességek	*shebeshaygek*

29

green card	zöld kártya	*zurld kart-yuh*
hand-brake	kézifék	*kayzifayk*
headlights	fényszóró	*fayn-yussawraw*
licence	jogosítvány	*yogosheetvan-yuh*
lorry	teherautó	*tehairowtaw*
manual	kézi	*kayzi*
mirror	visszapillantótükör	*vissupilluntaw-tewkur*
motorbike	motorkerékpár	*motorkeraykpar*
motorway	autópálya	*owtawpa-yuh*
number plate	rendszámtábla	*rendsamtabluh*
petrol	benzin	*benzin*
rear lights	hátsólámpa	*hachawlampuh*
road	út	*oot*
skid	csúszni	*choossni*
spares	alkatrész	*ulkutrayss*
spare wheel	pótkerék	*pawtkerayk*
speed *(noun)*	sebesség	*shebeshayg*
speed limit	sebességkorlátozás	*shebeshayg-korlatozash*
speedometer	kilométeróra	*kilawmayter-awruh*
steering wheel	kormánykerék	*korman-yukerayk*
tow	vontatni	*vontutni*
traffic lights	közlekedési lámpa	*kurzlekedayshi lampuh*
trailer	utánfutó	*ootanfootaw*
tyre	gumi	*goomi*
unleaded	ólommentes	*awlommentesh*
van	furgon	*foorgon*
wheel	kerék	*kerayk*
windscreen	szélvédő	*saylvaydur*
wipers	ablaktörlő	*ublukturlur*

I'd like some petrol/oil/water
Benzint/olajat/vizet szeretnék
benzint/oluh-yut/vizet seretnayk

Fill her up please!
Töltse tele, kérem!
turlcheh teleh kayrem

I'd like 10 litres of petrol
Tíz liter benzint kérek
teez liter benzint kayrek

Would you check the tyres please?
Legyenszives ellenőrizni a kerekek levegőállását
led-yenssivesh ellenurizni uh kerekek levegur-allashat

Where is the nearest garage/petrol station?
Hol van a legközelebbi autószervíz/benzínkút?
hol vun uh legkurzelebbi owtawsserveez/benzeenkoot

How do I get to ...?
Hogyan jutok el ...-ba?
hod-yun yootok el ...-buh

DIRECTIONS YOU MAY BE GIVEN

a második út/utca balra	second road/street on the left
az első út/utca jobbra	first road/street on the right
egyenesen	straight on
balra/baloldalt	on the left
forduljon balra	turn left
forduljon jobbra	turn right
jobbra/jobboldalt	on the right
...-n túl	past the ...

Do you do repairs?
Javítást is vállalnak?
yuveetasht ish vallulnuk

Can you repair the clutch?
Meg tudja javítani a kuplungot?
meg tood-yuh yuveetuni uh kooploongot

31

When will it be ready?
Mikorra lesz kész?
mikorruh less kayss

There is something wrong with the engine
Valami baja van a motornak
vulumi buh-yuh vun uh motornuk

The engine is overheating
Túlfűt a motor
toolfewt uh motor

The brakes are binding
Nem enged fel a fék
nem enged fel uh fayk

I need a new tyre
Új kerékgumira van szükségem
oo-yuh keraykgoomiruh vun sewkshaygem

Where can I park?
Hol parkolhatok?
hol purkolhutok

Can I park here?
Parkolhatok itt?
purkolhutok itt

I'd like to hire a car
Egy autót szeretnék bérelni
ed-yuh owtawt seretnayk bayrelni

Is there a mileage charge?
Kilométerdíjat is felszámítanak?
kilawmayterdee-yut ish felssameetunuk

REPLIES YOU MAY BE GIVEN

Automata vagy kézisebváltós modelt kíván?
Would you like an automatic or a manual?

Szabad a jogosítványát?
May I see your licence?

THINGS YOU'LL SEE OR HEAR

autójavító	car repairs
autópályafeljárat	motorway junction
benzin	petrol
benzinkút	petrol station
extra	4 star
javítás	repair
keréklevegőállás	tyre pressure
kijárat	exit
levegő	air
levegőnyomás	air pressure
magánút	private road
magánterület	private grounds
normál	2 star
olaj	oil
olajállás	oil level
ólommentes	unleaded
szuper	3 star
üzemanyagtöltőállomás	petrol station
vám	customs
vámvizsgálat	customs inspection

RAIL TRAVEL

You can travel first or second class, however, conditions on the latter leave a lot to be desired. Although quite extensive, the Hungarian railway network is extremely centralized: you can get to a neighbouring provincial town faster by returning to the capital and taking another express train, rather than attempting a short cut. Trains are relatively frequent, but slow and rather unreliable as regards keeping to the timetable.

Budapest's main railway station is **Keleti Pályaudvar** (*keleti pa-yuh-oodvur*), most international trains (**nemzetközi expresszvonat** *nemzetkurzi expressvonut*) arrive here, such as the Orient Express (from Paris to Bucharest) and the **Lehár Express** (from Vienna).

For domestic services there are three types of trains: **személyvonat** (*semay-yuvonut*), slow trains with frequent stops; **gyorsvonat** (*d-yorshvonut*), fast trains with a few main stops; and **expresszvonat**, fast trains with no stops between departure and destination (similar to Inter-City trains). There is a supplement (**pótdíj** *pawtdee-yuh*) for fast trains, and a seat reservation (**helyfoglalás** *heh-yufoglush*) is compulsory for express trains. Some slow trains are run as 'fast services' (**gyorsított járat** *d-yorsheetott yarut*) which means that they don't stop at certain stations in between. Express trains have a restaurant carriage, and buffet-services are generally available on a **gyorsvonat**.

Fares are cheap, and further concessions are available to students (50% reduction), young people under 26 (25-50% reduction) and senior citizens (33% reduction). Children under four travel free, and for those under fourteen, fares are half-price. Inter-Rail cards are honoured on Hungarian Railways, and foreigners can also benefit from temporary passes on parts or all of the network (for example, Balaton Pass, Tourist Pass).

USEFUL WORDS AND PHRASES

booking office	jegyiroda	*yed-yiroduh*
buffet	büfékocsi	*bewfaykochi*
carriage	vagon	*vugon*
compartment	fülke	*fewlkeh*
connection	csatlakozás	*chutlukozash*
dining car	étkezőkocsi	*aytkezurkochi*
emergency cord	vészjelző	*vayss-yelzur*
engine	mozdony	*mozdon-yuh*
entrance	bejárat	*beh-yarut*
exit	kijárat	*ki-yarut*
first class	elsőosztály	*elshur-ossta-yuh*
get in	felszállni	*felssallni*
get out	leszállni	*lessallni*
guard	vasutas	*vushootush*
indicator board	hirdetőtábla	*hirdeturtabluh*
left luggage	csomagmegőrző	*chomugmegur-rzur*
lost property	talált tárgyak osztálya	*tulalt tard-yuk ossta-yuh*
luggage trolley	csomagkuli	*chomugkooli*
luggage van	csomagtargonca	*chomugtargontsuh*
platform	vágány	*vagan-yuh*
rail	sín	*sheen*
railway	vasút	*vushoot*
reserved seat	foglalt	*foglult*
restaurant car	étkezőkocsi	*aytkezurkochi*
return ticket	retúrjegy	*retoor-yed-yuh*
seat	ülés	*ewlaysh*
second class	másodosztály	*mashodossta-yuh*
single ticket	csak oda jegy	*chuk oduh yed-yuh*
sleeping car	hálókocsi	*halawkochi*
station	állomás	*allomash*
station master	állomásmester	*allomashmeshter*
ticket	menetjegy	*menut yed yuh*
ticket collector	jegykalauz	*yed-yukuluh-ooz*
timetable	menetrend	*menetrend*
tracks	vágány	*vagan-yuh*

train   vonat   *vonut*
waiting room   váróterem   *varawterem*
window   ablak   *ubluk*

When does the train for ... leave?
Mikor indul a vonat ...-be?
mikor indool uh vonut ...-be

When does the train from ... arrive?
Mikor érkezik a vonat ...-ból?
mikor ayrkezik uh vonut ...-bawl

When is the next train to ...?
Mikor indul a következő vonat ...-ra?
mikor indool uh kurvetkezur vonut ...-ruh

When is the first train to ...?
Mikor indul az első vonat ...-ba?
mikor indool uz elshur vonut ...-buh

When is the last train to ...?
Mikor indul az utolsó vonat ...-re?
mikor indool uz ootolshaw vonut ...-reh

What is the fare to ...?
Mennyibe kerül a menetjegy ...-be?
menn-yibeh kerewl uh menet-yed-yuh ...-beh

Do I have to change?
Át kell szállnom valahol?
at kel salnom vuluhol

Does the train stop at ...?
Megáll a vonat ...-ban?
megal uh vonut ...-bun

How long does it take to get to ...?
Meddig tart az út ...-ig?
medig tart uz oot ...-ig

A single/return ticket to ... please
Kérek egy csak oda/oda-vissza jegyet ...-re
kayrek ed-yuh chuk oduh/oduvissuh yed-yet ...-reh

Do I have to pay a supplement?
Kell pótdíjat fizetnem?
kel pawtdee-yut fisotnom

I'd like to reserve a seat
Egy helyjegyet szeretnék váltani
ed-yuh heh-yed-yet seretnayk valtuni

Is this the right train for ...?
Ez a vonat megy ...-ba?
ez uh vonut med-yuh ...-buh

Is this the right platform for the ... train?
Erről a vágányról indul a ...-i vonat?
errurl uh vagan-yurawl indool uh ...-i vonut

Which platform for the ... train?
Melyik vágányról indul az ...-i vonat?
meh-yik vagan-yurawl indool uz ...-i vonut

Is the train late?
Késik a vonat?
kayshik uh vonut

Could you help me with my luggage please?
Megkérhetem, hogy segítsen a csomagommal?
megkayrhetem hod-yuh shegeechen uh chomugommul

Is this a non-smoking compartment?
Ez nem-dohányzó fülke?
ez nem-dohan-yuzaw fewlke

Is this seat free?
Szabad ez a hely?
subud ez uh heh-yuh

This seat is taken
Ez a hely foglalt
ez uh heh-yuh foglult

I have reserved this seat
Ezt a helyet előre lefoglaltam
ezt uh heh-yet elur-reh lefoglultum

May I open/close the window?
Kinyithatom/becsukhatom az ablakot?
kin-yithutom/bechookhutom uz ublukot

When do we arrive in ...?
Mikor érkezünk meg ...-re?
mikor ayrkezewnk meg ...-reh

What station is this?
Ez melyik állomás?
ez meh-yik allomash

Do we stop at ...?
Megáll a vonat ...-en?
megal uh vonut ...-en

Would you keep an eye on my things for a moment?
Megkérhetem, hogy felügyeljen a csomagaimra egy percre?
megkayrhetem hod-yuh felewd-yel-yen uh chomuguh-imruh ed-yuh perts-reh

Is there a restaurant car on this train?
Van a vonaton étkezőkocsi?
vun uh vonuton aytkezurkochi

THINGS YOU'LL SEE

állomásfőnökség	stationmaster's office
az ablakon kihajolni tilos	do not lean out of the window
bejárat	entrance
belföldi információ	local and national enquiries
bisztró	snack bar
büfékocsi	buffet car
csak hétköznapokon	weekdays only
csak munkanapokon	workdays only
csak munkaszüneti napokon	bank holidays only
csak ünnepnapokon	public holidays only
csomagmegőrző	left luggage
dohányozni tilos	no smoking
dohányzók részére	smokers
elővételi pénztár	till for advance booking
érkező vonatok	arrivals
étkezőkocsi	restaurant car
főpályaudvar	central station
felvilágosítás	information
férfi WC	men's toilet
foglalt	engaged
folyóiratok	newspaper kiosk
hálókocsi	sleeping car
helyfoglalás	seat reservation
helyi járat	local train
hétköznapokon	weekdays
indokolatlan használatért bírság róható ki	penalty for misuse
induló vonatok	departures

→

39

jegypénztár	ticket office
kedvezményes utazás	travel concessions
késés	delay
kijárat	exit
kijárat a vonatokhoz	to the trains
közbenső állomásokon nem áll meg	does not stop at stations in between
MÁV	Hungarian State Railways
menetjegykiadás	ticket counter
menetrend	timetable
munkaszüneti napokon	on bank holidays
nem-dohányzók részére	non-smokers
nemzetközi információ	international enquiries
nemzetközi jegypénztár	international ticket till
női WC	women's toilet
pályaudvar	railway station
peron	platform
poggyászmegőrző	left luggage
pótdíj	supplement
p.u.	railway station
szabad	vacant
szálláshelyfoglalás	accommodation/hotel reservation
tilos a bejárat	no entry
tilos a bemenet	no entry
tilos a dohányzás	no smoking
újságos	newspaper kiosk
utastájékoztató	travel information
vágány	platform
a vágányokhoz	to the platforms
vagon	carriage
vámhivatal	customs office
váróterem	waiting room
vasár- és ünnepnapokon	Sundays and public holidays
vasárnap kivételével	Sundays excepted

THINGS YOU'LL HEAR

Figyelem! Figyelem!
Attention! Attention!

A ... vágány mellett tessék vigyázni
Watch out for the arrival of a train on platform ...

A jegyeket kérem
Tickets please

Tessék a jegyeket ellenőrzésre előkészíteni
Please prepare your tickets for control

Tessék az útlevél- és vámvizsgálathoz felkészülni
Please prepare for passport and customs control

Az útleveleket kérem
Passports please

Van elvámolni valója?
Have you got anything to declare?

AIR TRAVEL

The international airport of **Budapest-Ferihegy** handles all flights to and from Hungary. Scheduled flights from London, Paris and Frankfurt arrive at the airport's appreciably more up-to-date second terminal. **MALÉV**, the national airline, flies to most capitals in Europe and the Middle East, but not to North America. The company operates no domestic flights, and although the fleet consists of Tupolyevs, its on-board service, particularly when it comes to catering, deserves its good reputation.

Visas can be obtained at the airport, as long as you have a valid passport with you. There is a special airport coach service, which leaves on the hour and half hour from 5 am to 9 pm and runs between the airport and the International Coach Terminus in the city.

USEFUL WORDS AND PHRASES

aircraft	repülőgép	*repewlurgayp*
air-hostess	légikisasszony	*laygikishusson-yuh*
airline	légitársaság	*laygitarshushag*
airport	repülőtér	*repewlurtayr*
airport bus	reptéri buszjárat	*reptayri booss-yarut*
aisle	folyosó	*fo-yoshaw*
arrival	érkezés	*ayrkezaysh*
baggage claim	poggyász	*pod-yass*
boarding card	beszállókártya	*bessallawkart-yuh*
check-in *(noun)*	jegykezelés	*yed-yukezelaysh*
check-in desk	jegykezelőpult	*yed-yukezelurpoolt*
customs	vámkezelés	*vamkezelaysh*
delay	késés	*kayshaysh*
departure	indulás	*indoolash*
departure lounge	indulóváró	*indoolawvaraw*
duty free shop	vámmentes áruk	*vammentesh arook*

emergency exit	vészkijárat	*vaysski-yarut*
flight	járat	*yarut*
flight number	járatszám	*yarutssam*
gate	kijárat	*kiyarut*
land	leszállni	*lessalni*
long distance flight	hosszútávolsági járat	*hossootavolshagi yarut*
passport	útlevél	*ootlevayl*
passport control	útlevélvizsgálat	*ootlevaylvizhgalut*
pilot	pilóta	*pilawtuh*
runway	kifutópálya	*kifootawpa-yuh*
seat	ülés	*ewlaysh*
seat belt	biztonsági öv	*biztonshagi urv*
steward	légiutaskísérő	*laygi-ootushkishayrur*
stewardess	stewardess	*st-yoo-ardess*
take-off	felszállás	*felssallash*
toilet	mosdó	*moshdaw*
window	ablak	*ubluk*
wing	szárny	*sarn-yuh*

When is there a flight to ...?
Mikor van repülőjárat ...-ba?
mikor vun repewluryarut ...-buh

What time does the flight to ... leave?
Mikor indul a ...-i járat?
mikor indool uh ...-i yarut

Is it a direct flight?
Közvetlen járat?
kurzvetlen yarut

Do I have to change planes?
Át kell valahol szállnom?
at kel vuluh-hol salnom

When do I have to check in?
Mikor kezdik a járatra a jegyek kezelését?
mikor kezdik uh yarutruh uh yed-yek kezelayshayt

I'd like a single ticket to ...
Szeretnék egy csak oda repülőjegyet váltani ...-be
seretnayk ed-yuh chuk oduh repewlur-yed-yet valtuni ...- beh

I'd like a return ticket to ...
Szeretnék egy oda-vissza repülőjegyet váltani ...-ba
seretnayk ed-yuh oduvissuh repewlur-yed-yet valtuni ...-buh

Smoking/non-smoking (seat)
Dohányzó/nem-dohányzó
dohan-yuzaw/nem-dohan-yuzaw

I'd like a window seat please
Ablakmelletti ülést szeretnék, ha lehet
ublukmelletti ewlaysht seretnayk huh lehet

How long will the flight be delayed?
Mennyi késéssel indul a repülő?
menn-yi kayshayshel indool uh repewlur

Is this the right gate for the ... flight?
Ez a helyes kijárat a ...-ba induló járathoz?
ez uh heh-yesh ki-yarut uh ...-buh indoolaw yaruthoz

Which gate for the flight to ...?
Melyik kijáratról indul a ...-ba menő járat?
meh-yik ki-yarutrawl indool uh ...-buh menur yarut

When do we arrive in ... ?
Mikor érkezünk ...-be?
mikor ayrkezewnk ...-beh

May I smoke now?
Lehet már dohányozni?
lehet mar dohan-yozni

I do not feel very well
Rosszul érzem magam
rossool ayrzem mugum

THINGS YOU'LL HEAR

A ...-es számú ...-ba induló járatra a beszállás megkezdődött
The flight number ... for ... is now boarding

Sziveskedjenek az ...-es számú kijárathoz fáradni
Please go now to gate number ...

THINGS YOU'LL SEE

átszállás	change *(flights)*
az ülés alatt	under the seat
beszállás/beszállókártya	boarding/boarding card
biztonsági előírások	safety measures
csatlakozás	connection
dohányozni tilos	no smoking
dohányzók részére fenntartott hely	area reserved for smokers
egészségügyi zacskó	sanitary bag
életmentő mellény	life-jacket
érkező járatok	arrivals
felvilágosítás	information
füstmentes járat	flight reserved for non-smokers

→

45

helyfoglalás	flight reservation
hívógomb	call button
induló járatok	departures
indulóváró	departure lounge/gate
járat/járatszám	flight/flight number
jegyeladás	ticket sales
jegy- és poggyászkezelés	ticket and baggage check-in
késés	delay
kézipoggyász	hand luggage
kijárat	gate
központi jegyiroda	central booking office
közvetlen járat	direct flight
megszakítás nélkül	direct
menetrendszerinti járat	scheduled flight
mosdó	toilet
nem-dohányzó	non-smokers
piros csatorna	red customs channel
poggyászkiadás	baggage-claim
repülőtér	airport
repülőtéri buszjárat	airport coach service
repülési idő/repülési útvonal	flight time/flight route
súlykorlátozás	weight limit
tessék a biztonsági öveket bekapcsolni	fasten seat belts
túlsúlydíj	charge for excess weight
utasok	passengers
útlevélvizsgálat	passport control
vám/vámkezelés	customs/customs inspection
vámmentes/vámnyilatkozat	exempt from duty/customs declaration
zöld csatorna	green customs channel

LOCAL PUBLIC TRANSPORT, TAXI, BOAT AND COACH

Budapest's local transport is amazingly versatile. The mainstay of the system is the blue bus network which serves over 200 routes. Yellow trams (**villamos** *villumosh*), extremely noisy as they squeak along their rails, cover an equally vast area linking the outskirts to the centre of the city along the main arteries and ring-roads. Crimson trolley-buses (**trolibusz**) operate in some of the outer districts, skirting around the city parks in Pest. Three underground lines provide fast access to the city from the outskirts as well as linking the two sides of the city under the Danube. Green suburban trains provide a service to and from the capital.

In order to use this complex network, running from 4.30 am to 12.30 pm, you have to be in possession of blue tickets (essentially for buses but usable on all other transport) or cheaper yellow tickets (for all vehicles except buses). There is a range of day and monthly passes (**bérlet** *bayrlet*), which can be obtained from Budapest Transport Network offices (**BKV**) and for which you need a passport-size photograph. Individual tickets can also be purchased at newspaper kiosks, tobacconists', stations and terminals. You have to use a new ticket every time you enter a vehicle and this should be validated by punching it in one of the machines near the door.

If you don't want to use the crowded public transport system, you can always hail a taxi by simply shouting '*tuxi*'. You'll also find taxi ranks near hotels, railway stations and major crossroads. Taxi drivers expect a tip of 10-15 per cent.

There is a pleasure-boat service on the Danube (from Budapest to Esztergom) and on Lake Balaton (from Siófok to Keszthely), as well as several car-ferry services. An international hydrofoil service links Budapest with Vienna on the Danube from April to September.

There is also a long-distance national coach service run by **VOLÁN**. Comfort may not seem to be of central concern for the service, but it is inexpensive and covers the whole of the country, filling in the gaps in the rail system.

USEFUL WORDS AND PHRASES

adult	felnőtt	*felnurt*
boat	hajó	*huh-yaw*
bus	autóbusz	*owtawbooss*
bus stop	buszmegálló	*boossmegallaw*
child	gyermek	*d-yermek*
coach	távolsági buszjárat	*tavolshagi booss-yarut*
conductor	jegyszedő	*yed-yussedur*
connection	csatlakozás	*chutlukozash*
cruise	sétahajó	*shaytuh-huh-yaw*
driver	vezető	*vezetur*
fare	menetdíj	*menetdee-yuh*
ferry	komp	*komp*
lake	tó	*taw*
network map	tömegközlekedési térkép	*turmegkurzlekedayshi tayrkayp*
number 5 bus	az ötös számú busz	*uz urtursh samoo booss*
passenger	utas	*ootush*
quay	rakpart	*rukpart*
river	folyó	*fo-yaw*
seat	ülés	*ewlaysh*
station	állomás	*allomash*
subway	aluljáró	*ulool-yaraw*
taxi	taxi	*tuxi*
terminus	végállomás	*vaygallomash*
ticket	jegy	*yed-yuh*
tram	villamos	*villumosh*
trolley-bus	troli(busz)	*troli(booss)*
underground	metró	*metraw*

Where is the nearest underground station?
Hol van a legközelebbi metróállomás?
hol vun uh legkurzelebbi metraw-allomash

Where is the bus station?
Hol van a buszállomás?
hol vun uh boossallomash

Which buses go to ...?
Melyik busz megy ...-ba?
meh-yik booss med-yuh ...-buh

How often do the buses to ... run?
Milyen gyakran járnak a buszok ...-be?
mi-yen d-yukrun yarnuk uh boossok ...-beh

Would you tell me when we get to ...?
Meg tudná mondani mikor érkezünk ...-hoz?
meg toodna monduni mıkor ayrkezewnk ...-hoz

Do I have to get off yet?
Most kell leszállnom?
mosht kell lessallnom

How do you get to ...?
Hogy lehet ...-ba eljutni?
hod-yuh lehet ...-buh el-yootni

Is it very far?
Messze van?
messeh vun

I want to go to ...
...-be szeretnék menni
...-beh seretnayk menni

Do you go near ...?
Elmegy a ... közelében?
elmed-yuh uh ... kurzelaybun

Where can I buy a ticket?
Hol vehetek jegyet?
hol vehetek yed-yet

LOCAL PUBLIC TRANSPORT, TAXI, BOAT AND COACH

Could you help me get a ticket?
Megkérhetem, hogy segítsen jegyet váltani?
megkayrhetem hod-yuh shegeechen yed-yet valtuni

I'd like to buy a day/week/month pass for the bus, please
Napi/heti/havi buszbérletet szeretnék váltani
nupi/heti/huvi boossbayrletet seretnayk valtuni

Could you close/open the window?
Legyenszives becsukni/kinyitni az ablakot
led-yensivesh bechookni/kin-yitni uz ublukot

When does the last bus leave?
Mikor indul az utolsó buszjárat?
mikor indool uz ootolshaw booss-yarut

Where can I get a taxi?
Hol találhatok taxit?
hol tulalhutok tuxit

I would like you to wait for me here and take me back
Szeretném, ha megvárna és vissza is vinne
seretnaym huh megvarnuh aysh vissuh ish vinneh

THINGS YOU'LL SEE

állóhely	standing room
átkelőjárat	passenger ferry service
átszállni	to change
bejárat	entrance
bejárat a másik ajtón	entry at the next door
belépés/belépni tilos	entry/no entry
bérlet	pass
BKV	Budapest Public Transport Network
buszbérlet	bus pass ⟶

buszmegálló	bus stop
dohányozni tilos	no smoking
felszállás a első ajtón/ felszállás a hátsó ajtón	entry at the front/entry at the rear
földalatti	underground
gyerekjegy	child ticket
havibérlet/hetibérlet	monthly pass/weekly pass
HÉV	Suburban Trains
jegy	ticket
kijárat	exit
kikötőhely	jetty, pier
kishajójárat	passenger ferry
komp	car ferry
következő megálló	next stop
leszállás	exit
megtelt	full
menetjegy	ticket
menet közben a vezetővel beszélni tilos	do not speak to the driver while vehicle is in motion
menetrend	timetable
napibérlet	day pass
rokkantak részére fenntartott ülőhely	seat reserved for handicapped people
sétahajó	river cruise
Talált Tárgyak Kezelősége	Lost Property
taxiállomás	taxi rank
terhesanyák számára fenntartott ülőhely	seat reserved for pregnant women
tilos a dohányzás	no smoking
utazási igazolvány	travel card
végállomás	terminus
vészkijárat	emergency unit
villamosbérlet/villamosjegy	tram pass/tram ticket
villamosmegálló	tram stop
vizibusz	river-bus

DOING BUSINESS

Hungary is in the process of changing to a market economy and in the long-term this will no doubt lead to reliable, strongly motivated markets. In the short-term, however, the change-over means turbulence: there are few set standards and few regulatory bodies capable of exercising any authority, and there is no certainty whether the company you are dealing with today will still be in existence tomorrow – or at least in the form you came to know it. On the other hand, the risks you are taking now may well pay off in the near future.

The changes in Hungary did not occur overnight, as they did in other parts of Eastern Europe. The country has a history of liberal economic experimentation and can boast a large number of able middle and top managers, which means that in relative terms it is perhaps best prepared for the change-over.

Although Hungarian businessmen are generally well-acquainted with Western practices, they have the disadvantage of being used to a centrally-planned economy which did not favour dynamic business attitudes. Hence they tend to be readily satisfied with sober figures as opposed to engaging in cut-throat bargaining. On the other hand, nothing is cheap enough when it comes to buying Western products.

Hospitality or entertaining your business partner, known as **reprezentáció** (*reprezentatsi-aw*), is an important aspect of doing business in Hungary and, needless to say, is always the responsibility of the host. In company conference rooms negotiations are always accompanied by some form of catering, and no agreement is reached without dining out in one of the best restaurants in town.

Hungarians have a fairly relaxed notion of time and a delay of ten to fifteen minutes for a business meeting is still considered to be 'on time', and longer delays than that need no more than a simple apology. So be patient!

Women in business are not rare in Hungary, so British businesswomen can expect to be received with the same attention as male business partners.

Showing interest in local issues will help to establish a more relaxed atmosphere. Remember that, although Hungarians have a tendency to be deeply critical about the standards in their country, they are also very much attached to it. There is a vogue of nostalgia for the era of the Austro-Hungarian Empire, the manifestations of which you will find in all walks of life. If you happen to be knowledgeable on the period, you will be able to score a few points. You will also understand why your number one competitors are German-speaking.

USEFUL WORDS AND PHRASES

acceptance	elfogadvány	*elfogudvan-yuh*
accountant	könyvelő	*kurn-yuvelur*
accounts department	könyvelési osztály	*kurn-yuvelayshi ossta-yuh*
advertisement	reklám	*reklam*
advertising	hirdetés	*hirdetaysh*
airfreight	légifuvarozás	*laygifoovurozash*
bid *(noun)*	ajánlat	*uh-yanlut*
bill *(of exchange)*	váltó	*valtaw*
board *(of directors)*	igazgatóság	*iguzgutawshag*
brochure	brosúra	*broshooruh*
business card	cégkártya	*tsaygkart-yuh*
businessman	üzletember	*ewzletember*
buy	megvenni	*megvenni*
buyer	vevő	*vevur*
chairman	elnök	*elnurk*
cheap	olcsó	*olchaw*
client	ügyfél	*ewd-yufayl*
company	vállalat	*vallulut*
computer	számítógép	*sameetawgayp*
consumer	fogyasztó	*fodyustaw*
contract	szerződés	*serzurdaysh*
cost	költség	*kurlchayg*
customer	vásárló	*vasharlaw*
delivery	szállítás	*salleetash*

deposit	letét	*letayt*
director	igazgató	*iguzgutaw*
discount	árengedmény	*arengedmayn-yuh*
documents	okmányok, iratok	*okman-yok, irutok*
down payment	előleg	*elurleg*
engineer	mérnök	*mayrnurk*
executive	ügyvezető	*ewd-yuvezetur*
expensive	drága	*draguh*
exports	export	*export*
fax	telefax	*telefux*
form	nyomtatvány	*n-yomtutvan-yuh*
import *(verb)*	importálni	*importalni*
imports	import	*import*
instalment	részlet	*raysslet*
invoice	számla	*samluh*
(verb)	számlázni	*samlazni*
letter	levél	*levayl*
letter of credit	hitellevél	*hitellevayl*
loss	veszteség	*vesteshayg*
manager	ügyvezető igazgató	*ewd-yuvezetur iguzgutaw*
manufacture	gyártás	*d-yartash*
margin	haszonrés	*hussonraysh*
market	piac	*pi-uts*
marketing	piackutatás	*pi-utskootutash*
meeting	értekezlet	*ayrtekezlet*
negotiations	tárgyalás	*tard-yulash*
offer	ajánlat	*uh-yanlut*
order	megrendelés	*megrendelaysh*
(verb)	megrendelni	*megrendelni*
personnel	személyzet	*semayzet*
price	ár	*ar*
product	termék	*termayk*
production	termelés	*termelaysh*
profit	haszon	*husson*
promotion	reklámeladás	*reklameludash*
(publicity)		
purchase order	vételi meghatalmazás	*vayteli meghutulmuzash*

sales department	kereskedelmi osztály	*kereshkedelmi ossta-yuh*
sales director	kereskedelmi igazgató	*kereshkedelmi iguzgutaw*
sales figures	kereskedelmi mutatók	*kereshkedelmi mootutawk*
secretary *(female)*	titkárnő	*titkarnur*
(male)	titkár	*titkar*
shipment	szállítás	*salleetash*
tax	adó	*udaw*
telex	telex	*telex*
tender	versenytárgyalás	*vershen-yutard-yulash*
total	végösszeg	*vaygursseg*

My name is ...
A nevem ...
uh nevem ...

Here's my card
Tessék, itt a névkártyám
teshayk itt uh nayvkart-yam

Pleased to meet you
Örülök, hogy megismerhettem
ur-rewlurk hod-yuh megishmerhettem

May I introduce ...
Hadd mutassam be ...
hud mootushum beh ...

My company is ...
A ... vállalatot képviselem
uh vallulutot haypmisholem

Our product is selling very well in the UK market
Termékünk a brit piacon nagyon keresett
termaykewnk uh brit pi-utson nud-yon kereshet

We are looking for partners in Hungary
A magyar piac kiaknázásához keresünk társat
uh mud-yar pi-uts ki-uknazashahoz kereshewnk tarshut

At our last meeting ...
Legutóbbi találkozásunkkor ...
legootawbbi tulalkozashoonkkor

10 per cent/25 per cent/50 per cent
Tiz százalék/huszonöt százalék/ötven százalék
teez sazulayk/hoossonurt sazulayk/urtven sazulayk

More than .../Less than ...
Több mint .../Kevesebb mint ...
turb mint .../kevesheb mint ...

We're on schedule
Minden terv szerint halad
minden terv serint hulud

We're slightly behind schedule
A tervhez képest egy kicsit el vagyunk maradva
a tervhez kaypesht ed-yuh kichit el vud-yoonk murudvuh

Please accept our apologies
Mély sajnálkozásunkat szeretnénk kifejezni a történtekért
may-yuh shuh-yunalkozashoonkut seretnaynk kifeyezni uh tur-rtayntekayrt

There are good government grants available
Nagyon jó állami kedvezmények állnak rendelkezésre
nud-yon yaw allumi kedvezmayn-yek alnuk rendelkezayshreh

It's a deal!
Áll az alku!
all uz ulkoo

I'll have to check that with my chairman
Ezt előbb egyeztetnem kell az elnökünkkel
ezt elurb ed-yeztetnem kel uz elnurkewnkkel

I'll get back to you on that
Erre később visszatérünk
erreh kayshurb vissutayrewnk

Our quote will be with you very shortly
Hamarosan jelentkezünk árajánlatunkkal
humaroshun yelentkezewnk aruh-yanlutoonkkul

We'll send it by telex
Telex útján küldjük
telex oot-yan kewld-yewk

We'll send them airfreight
Légi úton küldjük
laygi ooton kewld-yewk

It's a pleasure to do business with you
Nagy örömünkre szolgál önökkel üzletet kötni
nud-yuh ur-rurmewnkreh solgal urnurkkel ewzletet kurtni

We look forward to a mutually beneficial business relationship
Nézünk elébe egy mindkettőnk számára gyümölcsöző üzleti kapcsolatnak
nayzewnk elaybeh ed-yuh mindketturnk samaruh d-yewmurlchurzur ewzleti kupcholutnuk

57

RESTAURANTS

Most savoury dishes are cooked with pork-fat and seasoned with paprika, but the food in Hungary is not exclusively Hungarian: you will find dishes of Austrian, Slovakian, Transylvanian, Serbian, Italian and even French origin in every local restaurant.

Although there are a few dishes without meat (primarily made with pasta – **tészta** *taysstuh*, or mushrooms – **gomba** *gombuh*), vegetarians will find most menus rather forbidding: Hungarians eat various forms of meat from early morning to late evening. The main type of meat is pork. Poultry and beef are also popular, but a proper beefsteak is something of a rarity. You will see many dishes prepared with a variety of freshwater fish: do not miss **halászlé** (*hulasslay*) – a thick, delicious fish soup flavoured with paprika and a meal in itself.

Hungarians are fond of soups and traditionally meals always start with a bowl of soup as the first course. The variety is astonishing – some are even made from fruit. Even the famous Hungarian goulash started life as (an admittedly very rich) soup, as **gulyásleves** (*goo-yashlevesh*), its local name bears witness. Meat stews are the most popular main courses and there are three main variations: **pörkölt** (*purkurlt*) – stewed, diced meat with paprika; **paprikás** (*puprikash*), similar to **pörkölt** but with considerably more paprika, and with sour cream added; and **tokány** (*tokan-yuh*) where the meat is sliced very thinly and stewed in its own juices.

Pastry (**sütemény** *shewtemayn-yuh*) is simply wonderful in Hungary. Visit a **cukrászda** – a type of teashop which sells its own cakes and pastries, freshly baked on the premises. Local sweets are enhanced by Viennese patisserie, many recipes for which originated in Hungary anyway. Particularly enticing are the various fillings used for Hungarian pancakes (**palacsinta** *puluchintuh*) which can be sweet or savoury: jam, cottage cheese, chocolate, cream, ham, cheese or mushrooms.

There are various categories of restaurant: an **étterem** is generally a quite smart restaurant, while a **vendéglő** is more mundane, even sober. A **csárda** is a country inn with regional specialities, and a

sörkert or **söröző** is a cross between a pub and a restaurant. Self-service (**önkiszolgáló**) and fast-food (**ételbár, snack-bár, bisztró, büfé**) establishments are also common in most towns and holiday resorts. The opening hours vary, but in general restaurants are open from 11.30 am to 11-12 pm. Most restaurants have gypsy music from about 6 pm onwards. A tip of about 15 per cent is customary.

In between meals look out for small kiosks on street corners, where you can buy hamburgers and hot dogs. Around Lake Balaton the same type of kiosks offer more local food, such as a variety of grilled meats (**lacikonyha** *lutsikon-yuhuh*), fried fish (**sült hal** *shewlt hul*) or fried crispy doughnuts called **lángos** (*langosh*).

Traditionally a wine-growing region, Hungarian wines are quite outstanding. Between the world-famous Tokay and the fiery red Bull's Blood, there's a whole range of excellent whites and reds ready to be explored – go to a **borkostoló** (wine cellar) or **borozó** (wine bar) to sample these. If beer is more to your taste, try the local **söröző** (*shururzur*).

USEFUL WORDS AND PHRASES

beer	sör	*shur*
bill	számla	*samluh*
bottle	üveg	*ewveg*
bread	kenyér	*ken-yayr*
cake	sütemény	*shewtemayn-yuh*
chef	szakács	*sukach*
coffee	kávé	*kavay*
cup	csésze	*chaysseh*
fork	villa	*villuh*
glass	pohár	*pohar*
knife	kés	*kaysh*
menu	étlap	*aytlup*
milk	tej	*tiji*
pepper	bors	*borsh*
plate	tányér	*tan-yayr*
receipt	recept	*retsept*

59

RESTAURANTS

red wine	vörösbor	*vurrurshbor*
salt	só	*shaw*
sandwich	szendvics	*sendvich*
serviette	kéztörlő, szalvéta	*kayzturlur, sulvaytuh*
soup	leves	*levesh*
spoon	kanál	*kunal*
sugar	cukor	*tsookor*
table	asztal	*usstul*
tea	tea	*teh-uh*
teaspoon	kávéskanál	*kavayshkunal*
tip	borravaló	*borruvulaw*
waiter	pincér	*pintsayr*
waitress	pincérnő	*pintsayrnur*
water	víz	*veez*
white wine	fehérbor	*fehayrbor*
wine	bor	*bor*
wine list	itallap	*itullup*

A table for one/two/four please
Egy asztalt szeretnék egy/két/négy személyre
ed-yuh usstult seretnayk ed-yuh/kayt/nayd-yuh semayreh

Can I see the menu/wine list?
Az étlapot/itallapot, legyenszives
uz aytlupot/itullupot led-yenssivesh

What would you recommend?
Mit tud ajánlani?
mit tood uh-yanluni

I'd like ...
Szeretnék egy ...-t
seretnayk ed-yuh ...-t

Just a cup of coffee, please
Csak egy csésze kávét kérek
chuk ed-yuh chaysseh kavayt kayrek

Waiter!/Waitress!
Főúr!/Kisasszony! Legyenszives!
fur-oor/kishusson-yuh led-yenssivesh

I only want a snack
Csak egy keveset akarok enni
chuk ed-yuh keveshet ukurok enni

I didn't order this
Én nem ezt rendeltem
ayn nem ezt rendeltem

May we have some more ...?
Kaphatnánk még ...-t?
kuphutnank mayg ...-t

The meal was very good, thank you
Nagyon finom volt az étel, köszönöm szépen
nud-yon finom volt uz aytel kurssurnurm saypen

Can we have the bill, please?
Legyenszives elkészíteni a számlát
led-yenssivesh elkaysseeteni uh samlat

My compliments to the chef!
Legyenszives tolmácsolja megelégedésünket a szakácsnak!
led-yenssivesh tolmachol-yuh megelayg-edayshewnket uh sukachnuk

---

YOU MAY HEAR

Mit parancsolnak az urak/hölgyek?
What would the gentlemen/ladies like to order?

Jó étvágyat (kívánok)!
Enjoy your meal!

MENU GUIDE

alma	apple
almás rétes	apple strudel
almával párolt káposzta	cabbage braised with apple
ananász	pineapple
angolos marhahús	rare steak
aranygaluska	'golden dumpling' – cake with walnuts and raisins
ásványvíz	mineral water
asztali bor	table wine
bab	beans
babérlevél	bayleaves
bácskai rostélyos tarhonyával	braised steak with bacon and small grains of pasta
badacsonyi fogas	giant pike-perch fillets in green pepper and tomato sauce
Badacsonyi Szükebarát ®	'Grey Friar of Badacsony' (a medium-sweet white wine)
bakonyi csirke galuskával	fried chicken in paprika and sour cream sauce with small dumplings
balatoni zöldbabpaprikás	braised green bean stew with a paprika and sour cream base
banán	banana
barack	apricot
barackosfánk	apricot doughnut
bárány	lamb
báránycomb pékné módra	roast leg of lamb with onions and potatoes
barnasör	brown ale
bécsi szelet	veal cutlet fried in breadcrumbs
békacomb rántva	frogs' legs fried in breadcrumbs
bélszínérmék gombával	tenderloin steak with mushrooms
bélszínfilé	boneless tenderloin steak
besamelmártás	white cream sauce
betyárfogas	pike-perch fillets with mushrooms in sour cream sauce
betyárleves	'outlaw' ragoût – a thick spicy broth with vegetables
birka	mutton

birkacomb kapormártással	roast leg of mutton in dill and sour cream sauce
birkaszelet vadász módra	mutton cutlets in wine and parsley sauce
bográcsgulyás	goulash soup – thick spicy soup made from diced meat and vegetables
bor	wine
borjú	veal
borjúkotlett kertészné módra	veal chops with asparagus and mixed vegetables
borjúmirigy és velő	veal sweetbreads and brains
borjútokány	veal casserole with onions, mushrooms and sour cream
borjúvelő	calves' brains
bors	pepper
borsostokány	beef casserole with pepper and onions
boszorkányhab	'witches' froth' – apple and rum mousse
buggyantott tojás	poached eggs
bukta	jam-filled sweet roll
bundás alma	apple fritter
burgonya	potatoes
burgonyapüré	mashed potatoes
burgonyasaláta	potato salad
cékla	beetroots
cigány marhasült	braised beef with crispy trimmings of bacon and seasoned vegetables
cigánypecsenye	spit-roasted pork cutlets served with vegetables
citrom	lemon
cukkini	courgettes
csángó gulyás	sauerkraut and beef stew with paprika and sour cream
császármorzsa	crumbs of cornmeal baked with egg-white, raisins and jam
császárszelet	veal chops in lemon and sour cream sauce
cseresznye	cherry
csiga házába töltve	snails served in their shells
csikóstokány	beef casserole with diced bacon, onions, tomatoes and green peppers

csirke	chicken
csirke becsinált	chicken ragoût
csirke nyárson	chicken roasted on a spit
csokoládémáz	chocolate icing
csontleves	clear meat soup
csuka	pike
daragaluska	small cornmeal dumplings
daragombóc	cornmeal dumpling
darázsfészek	'wasps' nest', pinwheel-shaped cake with nut filling
datolya	dates
debreceni rostélyos	braised steak with sausages
debreceni tokány	beef casserole with onions, bacon and sausages
derelye	parcels of pasta filled with jam, cheese or meat
dinsztelt marhahús	braised beef
dinsztelt vöröskáposzta	braised red cabbage
dió	walnuts
diós metélt	sweet pasta with walnuts
diótorta	walnut gâteau
disznóhús	pork
disznócsülök káposztával	smoked pig's knuckles with sauerkraut
disznósajt	brawn
Dobostorta	gâteau with a chocolate cream filling and hard caramel topping
ecet	vinegar
édes bor	sweet wine
édességek	sweets, desserts
édes tészták	pasta desserts
egres	gooseberry
egresfelfújt	gooseberry fool
Egri Bikavér ®	'Bulls' Blood of Eger' (fiery red wine)
Egri Leányka ®	'Little Girl of Eger' (medium-dry white wine)
előételek	starters
eper	strawberries
eperhab	strawberry mousse
erdélyi fatányéros	mixed grill of pork, beef, veal and goose-liver roasted on a spit

erdélyi tokány	Transylvanian beef casserole with bacon
erőleves	broth
erőleves húsgombóccal	broth with meat dumplings
Eszterházy rostélyos	braised steak with vegetables and sour cream
fácán	pheasant
fahéj	cinnamon
fánk	jam doughnut
fasírozott	seasoned beef and pork meat-balls
fehérbab	dried white beans
fehérbor	white wine
fehérbors	white pepper
fejes saláta	lettuce
feketebors	black pepper
feketekávé	black coffee
félédes bor	medium-sweet wine
felfújt	soufflé
felvágott	salami, cold meats
filézett rántott csirke	boneless breaded chicken
finomfőzelék	mixed carrot, peas and diced kohlrabi in a sour cream sauce
finommetélt	thin egg noodles
fogas	Lake Balaton giant pike-perch
fogasfilé Bakony módra	fillets of pike-perch in paprika and sour cream sauce
fogolypecsenye	larded roast fowl
fokhagyma	garlic
főételek	main courses
főtt	boiled
főtt kukorica	corn on the cob
főzelék	vegetable dish with stewed or fried meat, in a thick sour cream sauce
franciakrémes	custard cube with caramel topping
franciasaláta	peas, carrots and turnips mixed in mayonnaise
füge	figs
fürjtojás	quail's egg
füstölt főtt csülök tormával	smoked and boiled pig's knuckles with horseradish
füstölt marhanyelv	smoked ox-tongue

65

galuska	small soft dumplings
gesztenye	chestnuts
gesztenyepüré	sweetened chestnut purée topped with cream
gomba	mushrooms
gombakrémleves	cream of mushroom soup
gombásrizs	mushrooms, rice and green peas
gombástokány	beef casserole with mushrooms and onions
gombóc	ball, dumpling
göngyölt felsál	beef olive, larded and braised
görögdinnye	watermelon
gulyásleves	goulash soup
Gundel palacsinta	pancakes filled with nut and raisin paste, served in chocolate sauce, sprinkled with rum and set alight
gyömbér	ginger
gyuvecs	spicy summer vegetable casserole
gyümölcs	fruit
gyümölcslé	fruit juice
hab	mousse
habosszilva	plum and chocolate mousse
hagyma	onions
hagymástokány	beef casserole with onions, marjoram and sour cream
hajdúsági csirketokány	chicken fricassee with smoked bacon, pepper and onion
hal	fish
halászlé	fish soup
halfilé roston	grilled fillets of fish
halkocsonya	jellied fish
harcsa	catfish
harcsaszeletek rántva	baked and breaded catfish fillets
hátszínszelet makói módra	grilled rumpsteak
hentestokány	beef stew and frankfurter slices
hét vezér tokány	casserole of pork, veal and beef with smoked bacon
hideg előételek	cold starters
hideg gyümölcsleves	cold creamy soup made from mixed fruits and cinnamon

hideg meggyleves	cold cream of morello cherry soup with cinnamon
hortobágyi húsospalacsinta	pancakes filled with minced meat and with a sour cream dressing
hortobágyi rostélyos galuskával	braised steak with small soft dumplings in a paprika and sour cream sauce
hús	meat
húsleves	broth
húspástétom	meat pie
hússaláta	meat salad
ínyencségek	specialities
ízestekercs	jam roll
joghurt	yoghurt
Jókai bableves	bean soup with smoked pig's knuckles and sour cream
juhtúró	ewe's cheese (similar to cottage cheese)
kacsa	duck
kacsapecsenye	roast duck
kapor	dill
kaporleves	fresh dill soup with milk and cream
káposzta	cabbage
káposztásgombóc	dumplings stuffed with cabbage, rolled in grated cheese and baked
káposztáskocka	pasta with cabbage and paprika
karalábé	kohlrabi
karfiol	cauliflower
karfiol krémleves	cream of cauliflower soup
kávé	coffee
kecskeméti hírös palacsinta	pancakes filled with apricot jam, sprinkled with apricot pálinka (brandy) and set alight
kelbimbó	Brussels sprouts
kelbimbó kontinentál	baked Brussels sprouts
kelkáposztafőzelék	cooked Savoy cabbage in a sauce thickened with flour and butter
keménytojás	hard-boiled egg
kenyér	bread
képviselőfánk	custard-filled doughnut (sometimes with chocolate icing).
keszeg	bream

kifli	crescent-shaped roll
kijevi pulykamell	breaded cheese-filled breasts of turkey
kocsonya	jellied meat and haslet
kókusz	coconut
kókusztekercs	coconut roll
kolbász	Hungarian spicy paprika sausage
kolozsvári gulyás	Transylvanian goulash stew with cabbage
kolozsvári rakottkáposzta	Transylvanian baked sauerkraut
kolozsvári töltöttkáposzta	Transylvanian stuffed cabbage
konyhafőnök ajánlata	chef's special
korhelyleves	'Tippler's soup' – sauerkraut soup with bacon, smoked sausage and grains of pasta – reputed to cure hangovers
kovászos uborka	pickled gherkins
kömény	caraway seeds
köretek	vegetable side-dishes
körítések	garnishes for soup
körömpörkölt	pig's knuckles casserole
kőrözött	ewe's cheese spread
körte	pears
krumpli	potatoes
kukorica	sweetcorn
lágy sajt	soft cheese
lágytojás	soft-boiled egg
lángos	savoury doughnuts sprinkled with garlic oil
lé	juice
lecsó	green pepper and tomato stew
lekvár	jam
lencse	lentils
lepény	pie
leves	soup
liba	goose
libaaprólékos rizottó	goose-giblet risotto
libamáj	goose liver
libamájpástétom	goose-liver pâté
libamáj rántva	goose-liver fried in breadcrumbs
libapecsenye	roast goose
libatepertő	goose crackling

limonádé	lemonade
linzer	linzer shortcake
liptói sajt	savoury cream cheese
lucskoskáposzta	Transylvanian cabbage stew
madártej	'floating island' – soft custard topped with poached meringues
máglyarakás	apple, chopped nuts and raisins on a rum-flavoured sponge base, topped with apricot jam meringue and baked
magyaros burgonyaleves	potato soup with sour cream
magyaros hidegtál	assorted cold meats
máj	liver
májas gombóc	liver dumplings poached in broth
májas hurka	type of haggis filled with rice, pork liver and spices
májgaluska	small liver dumplings
majonézmártás	mayonnaise
majonézes burgonyasaláta	potato salad with mayonnaise
majorannás krumpli	sautéed potatoes seasoned with marjoram
mák	poppy-seed
mákos metélt	sweet pasta with ground poppy-seed
mákos rétes	strudel with poppy-seed cream filling
malac	sucking pig
malacpecsenye/malacsült	roast sucking pig
málna	raspberry
málnaszörp	raspberry squash
mandula	almonds
marha	beef
marhahús angolosan	rare steak
marhahús cigányosan	steak with slices of bacon
marhapörkölt	beef casserole
mártás	sauce
meggy	morello cherry
meggyes rétes	morello cherry strudel
meleg előételek	hot starters
melegszendvics	hot sandwiches
metélt	sweet pasta
menü	menu
méz	honey

milánói makaróni	pasta with ham and mushroom sauce
minőségi bor	quality wine
mogyorótorta	hazelnut gâteau
mustár	mustard
napi ajánlatunk	today's special
narancs	orange
natúrszelet	sautéed pork cutlets
női szeszély	'lady's whim' – rich cake with raspberry jam and nut meringue
nyárson sült	roasted on a spit
nyelv	tongue
nyúl	rabbit, hare
nyúlpörkölt	hare casserole
nyúlragu	hare stew
olaj	oil
omlett	omelette
orjaleves	pork broth
orosz kaviár vajjal citrommal	Russian caviar with butter and lemon
orosz krémtorta	rum-flavoured cream gâteau
őszibarack	peaches
őzhúsleves	venison soup
pacal	tripe
pacalpörkölt	tripe casserole
padlizsán	aubergines
padlizsánpástétom	aubergine purée
palacsinta	pancakes
pálinka	Hungarian fruit brandy
palócgulyás	lamb goulash stew
palócleves	mutton goulash soup
paprikás	diced meat stewed in paprika and sour cream
paprikás burgonya	potatoes stewed in paprika and sour cream
paprikás csirke galuskával	chicken fricassee in paprika and sour cream sauce with small dumplings
paprikásszelet	pork cutlets with potatoes in paprika and sour cream sauce
paradicsom	tomatoes
paradicsomos tökfőzelék	marrows in thick tomato sauce
paradicsomsaláta	tomato salad

paraj	spinach
parfé	layers of ice cream and fruit
párizsi szelet	pork cutlets fried in batter
párolt	braised
párolt marhasült	braised beef
pászkagombóc	dumpling made of unleavened bread
petrezselyem	parsley
petrezselymes burgonya	potatoes cooked with parsley
pirítós	toast
pirított burgonya	roast potatoes
pirított máj	sautéed liver
pirított zsemlekocka	croûtons
plrospaprika	paprika
piskóta	sponge cake
piskótatekercs	jam roll
pisztráng egészben	fried whole trout
ponty	carp
pontypaprikás galuskával	carp fillets in paprika and sour cream sauce with small dumplings
pogácsa	savoury scone
pörkölt	casserole made with seasoned diced meat
pörkölt rostélyos	stewed steak
puliszka	cornmeal porridge
pulyka	turkey
pulykamell	turkey breast
pulykapecsenye	roast turkey
puncstorta	rich rum-flavoured gâteau
rablóhús	pieces of beef, kidney, pork, chicken, bacon, mushroom, green pepper and purple onions roasted on a spit
rácponty	roast carp with ground onions, paprika and sour cream
raguleves	soup made from diced meat and vegetables
rák rizottó	shell-fish risotto
rakott	layered
rakott burgonya	potato casserole with frankfurter slices and sour cream
rakott kelkáposzta	Savoy cabbage bake with minced meat

71

rakott kelvirág	cauliflower bake with minced meat
rakott metélt	baked sweet pasta with ground walnuts or poppy-seed
rakott padlizsán	aubergine and minced meat bake
rántott	breaded
rántott gombafejek tartármártással	breaded mushrooms in tartar sauce
rántott hús	breaded pork chops
rántott sertésborda	pork chops fried in breadcrumbs
rántottszelet	pork cutlets fried in breadcrumbs
retek	radish
rétes	strudel
ribizli	red currant
Rigó Jancsi	chocolate whipped cream gâteau
ringló	greengages
rizibizi	rice mixed with peas
rizsfelfújt	rice soufflé
rizsköret	rice garnish
rókagomba	chanterelle (type of mushroom)
rostélyos	braised steak
roston/rostonsült	grilled
rozmaring	rosemary
sajt	cheese
sajtos omlett	omelette with cheese
sajttál zöldkörettel	cheese-board with salad
saláta	salad
sampinyongomba	champignon (type of mushroom)
sárgabarack	apricot
sárgaborsó	dried peas
sárgadinnye	honeydew melon
sárgarépa	carrots
savanyú káposzta	sauerkraut
savanyúság	pickles
savanyú uborka	pickled cucumbers, gherkins
serpenyős rostélyos	braised beef and vegetables
sertés	pork
sertéscsülök pékné módra	pork knuckles braised with onions and potatoes
sertéshúspogácsa	minced pork balls
sertéskocsonya	jellied pork meat
sertésoldalas	pork ribs

sertéspörkölt galuskával	pork casserole with soft dumplings
só	salt
sólet füstölt tarjával	baked beans with smoked spare ribs
somlói galuska	cubes of rum-flavoured sponge in chocolate sauce, topped with cream
sonka	ham
sonkás palacsinta	pancakes filled with diced ham
Soproni Kékfrankos ®	a medium-dry red wine
sorbet	sherbet
sóska	sorrel
sós sütemény	savoury cakes made from thin flaky pastry
sör	beer
spárga	asparagus
spárga krémleves	cream of asparagus soup
spárga vajas morzsával	asparagus with breadcrumbs baked in butter
specialitások	specialities
spenót	spinach
spenótbomba	spinach fritters
Stefániatekercs	pot roast beef roll filled with hard-boiled eggs
Stefániatorta	chocolate gâteau
stíriai metélt	sweet pasta pudding made with breadcrumbs, eggs, raisins and chopped nuts
süllő	pike-perch
sült	fried, roast
sült burgonya	chips
sütemények	pastry
svájci sajtfondue	cheese fondue (melted cheese dish)
svéd gombasaláta	mushroom salad
szalmakrumpli	crisps
szalonna	fat bacon
szalontüdő	lungs in sour cream
szamóca	wild strawberries
szárazbab leves	haricot bean soup
szárazbor	dry wine
szárnyas	poultry, fowl
szárnyasaprólék-kocsonya	jellied fowl-giblets
szárnyaskrémleves	cream of fowl soup

73

szarvasgomba	truffles
szarvas magyarosan	haunch of venison in paprika and sour cream sauce
szegedi gulyás	beef goulash with bacon and sauerkraut
szegfűszeg	cloves
székelygulyás	Transylvanian sauerkraut and pork stew with paprika and sour cream
szendvicsek	sandwiches
szerb gulyás	Serbian goulash stew with cabbage
szerecsendió	nutmegs
szilvásgombóc	plum dumplings in breadcrumbs
szódavíz	soda water
szőlő	grapes
szörp	fruit squash
szűzpecsenye	roast tenderloin of pork
tarhonya	fine grains of pasta made from eggs and barley
tárkony	tarragon
tartármártás	tartar sauce
tatár bifsztek	raw minced beef mixed with a yolk and various spices served with toasted bread
tavaszi saláta	spring salad – cucumbers, tomatoes, turnips, radish and lettuce in dressing
tea	tea
tej	milk
tejberizs	rice pudding
tejeskávé	coffee with milk
tejföl	sour cream
tejfölös bableves	bean soup with sour cream
tejszín	cream
tejszínhab	whipped cream
téliszalámi	Hungarian salami
temesvári sertésborda zöldbabbal	Transylvanian pork cutlets with green beans
tengeri hal	sea-fish
tepertős pogácsa	savoury scone baked with pork crackling inside
tészták	pastry, sweet pasta dish

tojás	egg
Tokaji Aszú ®	Tokay, a very sweet white wine
Tokaji Furmint ®	a medium-dry white wine
Tokaji Szamorodni ®	a dry white wine
tokány	casserole made with onions and diced meat
tonhal Orly módra	tuna fried in batter and served with tomato sauce
torta	gâteau
tök	marrow
tökfőzelék	marrow in thick sour cream sauce
töltött	stuffed
töltött fasírozott	meat loaf stuffed with hard-boiled eggs
töltött paprika	stuffed green peppers in tomato sauce
töpörtyű	goose crackling
tüdő	beef lungs
túró	cottage cheese
túróscsusza tepertővel	pasta with cottage cheese, pork crackling and sour cream
túrós metélt	pasta with soft white cheese, bacon and sour cream
túrós palacsinta	pancakes with sweet cottage cheese and raisin filling
túrós pite	sweet cottage cheese pie
túróspogácsa	scone containing soft white cheese
túrós puliszka	cornmeal porridge with cottage cheese
túrós rétes	cheese strudel
tűzdelt fehérpecsenye	larded tenderloin steak
tűzdelt nyúlgerinc	larded saddle of hare
tyúkhúsleves	chicken broth
uborka	cucumbers
uborkasaláta	cucumber salad
Újházy tyúkhúsleves	chicken soup garnished with thin egg noodles, liver and/or cornmeal dumplings and vegetables
ürü	mutton
ürüborda	mutton chop
ürücomb	leg of mutton
vadas	sauce served with game, made from lemon juice, mustard, sour cream and diced vegetables

vadasan	meat braised with red onions, vegetables and spices, and served with game sauce
vaddisznó erdész módra	haunch of wild-boar with mushrooms, bacon and potatoes
vaddisznósült borosmártással	roast wild-boar cutlets in wine sauce
vadszárnyas	fowl
vagdalt libamelle	goose meat loaf
vaj	butter
vanília	vanilla
vargabéles	cake made with curd, vanilla and raisins
vegyes saláta	mixed salad
velő	brains
véres hurka	fried black pudding
vesepörkölt	beef heart and kidney casserole
vesepecsenye	veal kidneys in mustard sauce
virsli	frankfurters
vitaminsaláta	grated cabbage, carrot, radish and onion salad
vörösbor	red wine
vöröshagyma	purple onions
zabpehely	oat flakes
zeller	celery
zellerkrémleves	cream of celery soup
zöldbab	green beans
zöldborsó	peas
zöldpaprika	green pepper
zöldségleves	mixed vegetable broth
zsemle	bread roll
zsemlegombóc	potato dumplings
zserbószelet	cake with chocolate icing, made up of alternate layers of apricot jam, nuts and chocolate cream
zsiványpecsenye	mixed meat roast

SHOPPING

Shops in Hungary have no midday break and are open generally from 9 am to 6 pm Mondays to Fridays, and until 1 pm on Saturdays. On Sundays most shops are closed. Many shops have late-night shopping to 8 pm on Thursdays. Food stores and supermarkets are open from 7 am to 7 pm throughout the week, but on Saturdays they close at 2 pm. On Sundays you can buy fresh bakery and dairy products until 2 pm from a number of restaurants and pastry shops. Sweetshops, florists and tobacconists tend to stay open on Sundays until 1 pm.

Open markets (**piac** *pi-uts*) in Hungary are a real experience: fruit and vegetables are displayed in great quantities, but you can also buy meat, fish, household items, clothes – almost anything. Budapest's most representative market is the **Lehel-piac**, in the 13th district, but the largest is the **Bosnyák téri piac** in the 14th.

USEFUL WORDS AND PHRASES

baker's	pékség	*paykshayg*
battery	elem	*elem*
boutique	butik	*butik*
butcher	hentes	*hentesh*
bookshop	könyvesbolt	*kurn-yuveshbolt*
buy	vásárolni, venni	*vasharolni, venni*
cake shop	cukrászda	*tsookrassduh*
cheap	olcsó	*olchaw*
chemist	patika	*putikuh*
colour film	szines film	*sinesh film*
department store	áruház	*aroo-haz*
embroidery	kézimunka	*kayzimoonkuh*
expensive	drága	*draguh*
fashion	divat	*divut*
fishmonger	halárus	*hularoosh*
florist	virágüzlet	*virag-ewzlet*

77

grocer	fűszeres	*fewşseresh*
ironmonger	vasáru	*vusharoo*
jeweller	ékszerész	*ayksserays*
ladies' wear	nőinemű	*nurinemew*
market	piac	*pi-uts*
menswear	férfiáru	*fayrfi-aroo*
newsagent	újságos	*oo-yushagosh*
receipt	blokk	*blok*
record shop	hanglemezbolt	*hunglemezbolt*
sale	leértékelés	*leh-ayrtaykelaysh*
shoe shop	cipőbolt	*tsipurbolt*
shop	üzlet, bolt	*ewzlet, bolt*
go shopping	vásárolni	*vasharolni*
souvenir shop	ajándékbolt	*uh-yandaykbolt*
special offer	különleges ajánlat	*kewlurnlegesh uh-yanlu*
spend	költeni	*kurlteni*
stationer	papirbolt	*puppirbolt*
supermarket	ábécé/ABC	*abaytsay*
tailor	szabó	*subbaw*
till	kassza	*kussuh*
toyshop	játékbolt	*yataykbolt*
travel agent	utazási iroda	*ootuzashi iroduh*

I'd like ...
Szeretnék egy ...-t
seretnayk ed-yuh ...-t

Do you have ...?
Kapható önöknél ...?
kuphutaw urnurknayl

How much is this?
Ez mennyibe kerül?
ez menn-yibeh kerewl

Where is the ... department?
Hol találom a ... osztályt?
hol tulalom uh ... ossta-yut

Do you have any more of these?
Van még ebből?
vun mayg ebburl

I'd like to change this please
Ki szeretném ezt cserélni
ki seretnaym ezt cheraylni

Have you anything cheaper?
Ennél olcsóbb nincs?
ennayl olchawb ninch

Have you anything larger/smaller?
Ennél nagyobb/kisebb nincs?
ennayl nud-yob/kishebb ninch

Does it come in other colours?
Más színben is kapható?
mash seenben ish kuphutaw

Could you wrap it for me?
Legyenszives becsomagolni
led-yenssivesh bechomugolni

Can I have a receipt?
Kaphatnék róla számlát?
kuphutnayk rawluh sumlut

Can I have a bag please?
Kaphatnék egy szatyrot?
kuphutnayk ed-yuh sut-yurot

SHOPPING

Can I try it (them) on?
Felpróbálhatom?
felprawbalhutom

Where do I pay?
Hol lehet fizetni?
hol lehet fizetni

I'd like to return this
Vissza szeretném ezt cserélni
vissuh seretnaym ezt cheraylni

Can I have a refund?
Visszkaphatnám a pénzemet?
vissukuphutnam uh paynzemet

I'm just looking
Csak körülnézek
chuk kur-rewlnayzek

I'll come back later
Később visszajövök
kayshurb vissuh-yurvurk

THINGS YOU'LL SEE

a felső szinten	on the upper floor
alagsor	basement
ár	price
áru	goods
áruház	department store
az alsó szinten	on the lower floor
az áruhoz hozzányúlni tilos	please do not touch
bébiruházat	baby clothes

→

bőráru	leather goods
bőrdíszmű	leather goods
cipőbolt	shoe shop
cukrászda	cake shop
csemegebolt	delicatessen
csipkeáru	laced articles
divat	fashion
divatáru	confectionery
dohányáru	tobacconist
ékszerész	jeweller
élelmiszerbolt	groceries/food store
első emelet	first floor
em.	floor
emelet	floor
esernyőjavítás	umbrella repair
fagylaltos	icecream vendor
férfi osztály	men's department
férfi ruha	men's clothing
földszint	ground floor
fszt.	ground floor
gyermekosztály	children's department
gyümölcskereskedés	fruit shop
hentesáru	butcher
hiánycikk	in short supply
illatszerbolt	cosmetics shop
játékbolt	toy shop
kifogyott	out of stock
konfekció	confectionery
könyvesbolt	bookshop
különleges ajánlat	special offer
leértékelés	sale
leértékelt	reduced
minőségi áru	quality product
műszaki áru	household appliances
népművesség	folklore/crafts shop

→

női osztály	ladies' wear
női ruha	ladies' clothing
nyári vásár	summer sale
olcsó	cheap
órajavítás	watch repair
órás- és ékszerész	watchmaker and jeweller
önkiszolgáló	self-service
ötvösmester	goldsmith/silversmith
papír- és írószer	stationery/office supplies
pékség	bakery
pénzt vissza nem adunk	no refunds
pénzt vissza nem térítünk	no cash refunds
pénztár	till
piac	market
porcelán	china
próbafülke	changing cubicles
sportáru	sportswear and equipment
szabadidőruházat	leisure wear
szőrmeáru	fur shop
tessék kosarat venni	please take a basket
utazási iroda	travel agent
vásár	sale
vásárcsarnok	market hall
virágkereskedés	flower shop
zeneműbolt	music shop
zöldséges	fruit and vegetable shop

THINGS YOU'LL HEAR

Tetszik parancsolni?
Are you being served?

→

Mivel szolgálhatok?
How can I help you?

Segíthetek?
May I help?

Kissebb címletü pénze nincs?
Have you any smaller money?

Aprópénze nincs?
Have you got any coins?

Sajnos ez a cikk kifogyott
I'm sorry we're out of stock

Mással sajnos nem szolgálhatok
This is all we have

Ez minden?
Will this be all?

Mást nem óhajt?
Will there be anything else?

SPORT

Riding, canoeing, fishing, cycling and hunting are popular sports in Hungary. Although there are no special cycle lanes, the flatness of the country makes it very suitable for cycling. If you travel by rail, you can hire a bicycle from certain railway stations. If you want to go fishing, all you need is a licence, which you can obtain at most travel agencies, hotels and also campsites. Lake Balaton and some smaller lakes have ample facilities for all sorts of watersports: swimming, skin diving, sailing, windsurfing, rowing, canoeing, etc.

Budapest has several outdoor swimming pools, known as **strand**, and two indoor swimming pools, known as **uszoda**. Access to the indoor pools is restricted as the national swimming teams train there. Worthy of note are the thermal spas dotted around the country. Most swimming pools have at least one pool filled with water from a thermal spring. In the winter an artificial ice-rink is formed in the drained basin of the City Park's lake. Skates can be hired at the rink.

The greatest spectator sport is still undoubtedly football. Hungarians also enjoy watching water-polo, table-tennis and fencing – sports at which their countrymen excelled in the past.

USEFUL WORDS AND PHRASES

athletics	atlétika	*utlaytikuh*
badminton	tollaslabda	*tollushlubduh*
ball	labda	*lubduh*
bicycle	bicikli	*bitsikli*
canoe	kajak, kenu	*kuh-yuk, kenoo*
canoeing	kajakozás, kenuzás	*kuh-yukozash, kenoozash*
cycling trip	kerékpártúra	*keraykpartooruh*
diving board	ugródeszka	*oograwdesskuh*
fishing	horgászás	*horgassash*
fishing rod	horgászbot	*horgassbot*
flippers	uszony	*oosson-yuh*
football *(soccer)*	futball	*footbul*

football match	futballmeccs	*footbulmech*
football pitch	futballpálya	*footbulpa-yuh*
goggles	uszószemüveg	*oossawssemew-veg*
golf	golf	*golf*
golf clubs	golfütők	*golfewturk*
golf course	golfpálya	*golfpa-yuh*
ice hockey	jégkorong	*yaygkorong*
ice rink	jégpálya	*yaygpa-yuh*
jogging	dzsogging	*jogging*
lake	tó	*taw*
orienteering	terepfutás	*terepfootash*
racket	ütő	*ewtur*
riding	lovaglás	*lovuglash*
river	folyó	*fo-yaw*
rowing	evezés	*evezaysh*
rowing boat	evezős csónak	*evezursh chawnuk*
run *(verb)*	futni	*footni*
sailboard	surf	*surf*
sailing	vitorlázás	*vitorlazash*
skin diving	könnyübúvárkodás	*kurn-yewboovarkodash*
skate *(verb)*	korcsolyázni	*korcho-yazni*
skates	korcsolya	*korcho-yuh*
stadium	stadion	*shtudi-on*
swim	úszni	*oossni*
swimming pool		
(indoor)	uszoda	*oossoduh*
(outdoor)	strand	*shtrund*
tennis	tennisz	*tenniss*
tennis court	tenniszpálya	*tennisspa-yuh*
volleyball	röplabda	*rurplubduh*
walking	gyaloglás	*d-yuloglash*
water skiing	vizisíelés	*vizishee-elaysh*
water skis	vizisí	*vizishee*
water sports	vizisport	*vizishport*
wet suit	búvárruha	*boovarroohuh*
windsurfing	surfelés	*surfelaysh*
yacht	vitorláshajó	*vitorlash-huh-yaw*

85

How deep is the water here?
Milyen mély itt a víz?
mi-yen may-yuh itt uh veez

Is there an indoor/outdoor pool here?
Van nyitott/fedett uszodájuk?
vun n-yitott/fedett oossoda-yook

Is it safe to swim here?
Nem veszélyes itt úszni?
nem vessayesh itt oossni

Can I fish here?
Lehet itt horgászni?
lehet itt horgassni

Do I need a licence?
Kell-e engedély?
kel-eh engeday

I would like to hire a bike
Szeretnék bérelni egy biciklit
seretnayk bayrelni ed-yuh bitsiklit

How much does it cost per hour/day?
Mennyibe kerül egy órára/napra?
menn-yibeh kerewl ed-yuh awraruh/nupruh

I would like to take windsurfing lessons
Surfelési leckét szeretnék venni
surfelayshi letskayt seretnayk venni

Where can I hire ...?
Hol bérelhetek ...-t?
hol bayrelhetek ...-t

THINGS YOU'LL HEAR OR SEE

a medencében az úszósapka használata kötelező	bathing caps must be worn in the pool
a medencében labdázni tilos	no ball games in the pool
a vízbe ugrani tilos	no diving in the pool
a zuhanyozó használata kötelező	use of the showers is obligatory
belépőjegy	tickets
bérelhető	for hire
értékmegőrző	safe deposit
fejest ugrani tilos	no diving
férfi napozó	sun-bathing area for men only
férfi öltöző	men's changing cabins
futballpálya	football ground
fürödni tilos	no swimming
gyalogösvény	footpath
horgászni tilos	no fishing
kerékpár	bicycles
kerékpárösvény	cycle path
kiadó	for hire
labdázni tilos	no ball games
labdázásra kijelölt terület	area reserved for ball games
lóversenypálya	race course
medence	pool
motorcsónak kikötő	marina
női napozó	sunbathing area for women only
női öltöző	women's changing cabins
sportközpont	sports centre
tilos a búvárkodás	no diving
tilos a horgászás	no fishing
vizisí-lecke	water-skiing lessons
zuhanyozó	showers

POST OFFICES AND BANKS

Post offices are open from 8 am to 6 pm Mondays to Fridays, and from 8 am to 2 pm on Saturdays. Two special post offices at the main railway stations in Budapest (**Budapest Keleti** and **Budapest Nyugati pályaudvar**) remain open round the clock, even on Sundays. Letter boxes are painted red and are marked **Magyar Posta**. They are usually fixed to the external walls of buildings or stand on wrought-iron legs. There are generally three collections a day.

Most financial institutions called **banks** are in fact commercial banks dealing with trade and industry rather than individuals. However, given the liberalization under way in the economy, even these big banks will have customer departments where simple currency exchange transactions are undertaken. The only nationwide bank which provides a personal banking service for the individual is the **Országos Takarékpénztár** (National Savings Bank). Opening hours are from 9 am to 5 pm. You can also change money in main travel agencies and some of their offices are open as late as 8 or even 10 pm. There are also currency exchange points in most major hotels. The Hungarian unit of currency is the **forint** which is equal to 100 **fillér**.

USEFUL WORDS AND PHRASES

airmail	légiposta	*laygiposhtuh*
bank	bank	*bunk*
banknote	bankjegy	*bunk-yed-yuh*
cash desk	pénztár	*paynztar*
change *(verb)*	beváltani	*bevaltuni*
cheque	csekk	*chekk*
counter	pult	*poolt*
customs form	vámárunyilatkozat	*vamaroon-yilutkozut*
delivery	kézbesítés	*kayzbesheetaysh*
deposit	letét	*letayt*

exchange rate	valutaárfolyam	*vulootuh-arfo-yum*
form	nyomtatvány	*n-yomtutvan-yuh*
letter	levél	*levayl*
letter box	postaláda	*poshtuladuh*
money order	pénzutalvány	*paynzootulvan-yuh*
parcel	csomag	*chomug*
picture postcard	képeslap	*kaypeshlup*
post *(noun)*	posta	*poshtuh*
(verb)	feladni	*feludni*
post office	posta	*poshtuh*
post office box	postafiók	*poshtufı-awk*
postage rates	postai díjszabás	*poshtuh-i dee-yussubash*
postal order	postautalvány	*poshtuh-ootulvan-yuh*
postcard	levelezőlap	*levelezurlup*
postcode	irányítószám	*iran-yeetawssam*
poste-restante	poste-restante	*post-restunt*
postman	postás	*poshtash*
pound sterling	font sterling	*font shterling*
registered letter	ajánlott levél	*uh-yanlott levayl*
stamp	bélyeg	*bay-yeg*
surface mail	felszini küldemény	*felssini kewldemayn-yuh*
telegram	távirat	*tavirut*
traveller's cheque	travellercsekk	*trevelerchekk*

How much is a letter/postcard to …?
Mennyibe kerül egy levél/képeslap …-ba?
menn-yibeh kerewl ed-yuh levayl/kaypeshlup …-buh

I would like three 10 forint stamps
Három tizforintos bélyeget kérek
harom tizforintosh bay-yeget kayrek

I want to register this letter
Ezt a levelet ajánlva szeretném feladni
ezt uh levelet uh-yanlvuh seretnaym feludni

I want to send this parcel to ...
Ezt a csomagot ...-ba szeretném küldeni
ezt uh chomugot ...-buh seretnaym kewldeni

How long does the post to ... take?
Mennyi idő alatt ér ...-be egy küldemény?
menn-yi idur ulut ayr ...-beh ed-yuh kewldemayn-yuh

Where can I post this?
Hol adhatom ezt fel?
hol udhutom ezt fel

Is there any mail for me?
Jött levelem?
yurt levelem

I'd like to send a telegram
Egy táviratot szeretnék feladni
ed-yuh tavirutot seretnayk feludni

This is to go airmail
Ez légiposta
ez laygiposhtuh

I'd like to change this into ...
Be szeretném ezt váltani ...-ra
beh seretnaym ezt valtuni ...-ruh

Can I cash these traveller's cheques?
Beváltják a travellercsekket?
bevalt-yak uh trevellerchekket

What is the exchange rate for the pound?
Mi a font árfolyama?
mi uh font arfo-yumuh

THINGS YOU'LL SEE

ajánlott küldemény	registered mail
belföldi díjszabás	inland postage
bélyeg/bélyegárusítás	stamp/stamps
bérmentesítés	postage
cím	address
címzett	addressee
csomag	parcel
csomagfelvétel	parcels counter
díj	charge
expressz	express
feladó	sender
helység	place
irányítószám	post code
kiürítés ideje	collection times
kitölteni	fill in
külföldi díjszabás	postage abroad
légiposta	airmail
levél	letter
levélfelvétel	letters counter
Magyar Posta	Hungarian Post Office
maximális súly	maximum weight
nyitvatartási idő	opening hours
nyomtatványként	to be charged at printed matter rate
pénztár	cash till
pénzutalvány	money orders
pénzváltás	currency exchange
posta	post office
postafiók	post office box
postahivatal	post office
súlyhatár	weight limit
sürgős	urgent
táviratfelvétel	telegrams counter
valutabeváltás	currency exchange

TELEPHONES

Local calls can be made by using a 2 **forint** coin – this allows you to speak for up to three minutes throughout the day, and for up to six minutes after 6 pm. In theory, public phones should allow you to make long-distance calls as well, but in practice they rarely do, and it is better to go to a post office and use a pay-phone there.

Domestic long-distance calls can be made by dialling 06 first, followed by the area code and then the phone number. Make sure you wait for the long-distance dialling tone after you dial 06. To make an international call dial 00 first, wait for the new dialling tone, then dial the country-code (44 for the UK), area code and phone number. For long-distance calls, use 10 and 20 forint coins.

If you wish, you may also go through the operator, but this generally takes a lot of time. If you don't want to wait for ages, you can request an urgent call (**sürgős beszélgetés** *shewrgursh bessaylgetaysh*), and pay twice the price. If you are still left waiting for longer than you can bear, you can ask your call to be treated as 'a very urgent call' (**igen sürgős beszélgetés** *igen shewrgursh bessaylgetaysh*), and pay three times the price. If you don't want to wait at all, you can request your call to be made 'immediately' (**azonnali beszélgetés** *uzonnuli bessaylgetaysh*), but be prepared to pay ten times the price.

In case of emergency dial 04 for the ambulance service, 05 for the fire brigade and 06 for the police. The emergency services can be dialled free of charge.

USEFUL WORDS AND PHRASES

call *(noun)*	hívás	*heevash*
(verb)	telefonálni	*telefonalni*
code	körzethívószám	*kur-rzetheevawssam*
crossed line	vonalzavar	*vonulzuvar*
dial *(verb)*	tárcsázni	*tarchazni*
dialling tone	tárcsahang	*tarchuh-hung*

enquiries	tudakozó	*toodukozaw*
extension	mellék	*mellayk*
fire brigade	tűzoltók	*t-ewzoltawk*
international call	nemzetközi hívás	*nemzetkurzi heevash*
number	szám	*sam*
operator	telefonközpont	*telefonkurzpont*
pay-phone	perselyes telefon	*persheh-yesh telefon*
police	rendőrség	*rendurshayg*
receiver	kagyló	*kud-yulaw*
reverse charge call	R-beszélgetés	*er bessaylgetaysh*
telephone	telefon	*telefon*
telephone box	telefonfülke	*telefonfewlkeh*
telephone directory	telefonkönyv	*telefonkurn-yuv*
wrong number	téves kapcsolás	*tayvesh kupcholash*

Where is the nearest phone box?
Hol van a legközelebbi telefonfülke?
hol vun uh legkurzelebbi telefonfewlkeh

Is there a telephone directory?
Van telefonkönyvük?
vun telefonkurn-yuvewk

I would like the directory for ...
Kérem a ... körzeti telefonkönyvet
kayrem uh ... kur-rzeti telefonkurn-yuvet

Can I call abroad from here?
Telefonálhatok innen külföldre?
telefonalhutok innen kewlfurldreh

How much is a call to ...?
Mennyibe kerül egy hívás ...-ba?
menn-yibeh kerewl ed-yuh heevash ...-buh

I would like to reverse the charges
Szeretnék egy R-beszélgetést lebonyolítani
seretnayk ed-yuh er-bessaylgetaysht lebon-yoleetuni

I would like a number in ...
Egy ...-i telefonszámra lenne szükségem
ed-yuh ...-i telefonssamruh lenneh sewkshaygem

Hello, this is ... speaking
Halló, ... vagyok
hullaw ... vud-yok

Is that ...?
...-val beszélek?
...-vul bessaylek

Speaking
én vagyok az
ayn vud-yok uz

I would like to speak to ...
Szeretnék ...-val beszélni
seretnayk ...-vul bessaylni

Extension ... please.
...-es számú melléket kérem
...-esh samoo mellayket kayrem

Please tell him ... called
Legyenszives megmondani, hogy ... hívta
led-yenssivesh megmonduni hod-yuh ... heevtuh

Ask him to call me back please
Legyenszives megkérni, hogy hívjon engem vissza
led-yenssivesh megkayrni hod-yuh heev-yon engem vissuh

My number is ...
A telefonszámom ...
uh telefonssamom ...

Do you know where he is?
Meg tudná mondani hol van?
meg toodna monduni hol vun

When will he be back?
Mikor várható vissza?
mikor varhutaw vissuh

Could you leave him a message?
Hagyhatnék egy üzenetet?
hud-yuhutnayk ed-yuh ewzenetet

I'll ring back later
Visszahívom később
vissuh-heevom kayshurb

Sorry, wrong number
Sajnálom, téves kapcsolás
shuh-yunalom tayvesh kupcholash

THINGS YOU'LL SEE

a hívott fél fizet	reverse charge call
ár	price
azonnali beszélgetés	immediate call
belföldi távhívás	domestic long-distance call
díj	charges
helyi beszélgetés	local call
hibaelhárító szolgálat	faults service

→

95

hitelkártyával fizetett beszélgetés	call paid by credit card
igen sürgős beszélgetés	very urgent call
interurbán hívás	long-distance call
kézi kapcsolással	through the operator
körzethívószám	code
közvetlen tárcsázás	direct dialling
nem működik	out of order
nemzetközi hívás	international call
R-beszélgetés	reverse charge call
sürgős beszélgetés	urgent call
távbeszélő	telephone *(box)*
távhívás	long-distance call
távolsági beszélgetés	long-distance call
telefon	telephone
telefonfülke	telephone box
telefonközpont	operator
tudakozó	enquiries
balesetbejelentés	emergency call

REPLIES YOU MAY BE GIVEN

Téves számot hívott
You've got the wrong number

Azonnal kapcsolom
I'll put you through immediately

Kivel beszélek?
Who's speaking?

Sajnos a vonal foglalt
Unfortunately the line is busy

→

Sajnálom, nincs benn
Sorry, he's not in

Valószínűleg ... órára visszér
He'll probably be back at ... o'clock

Mi az ön telefonszáma?
What is your number?

Tessék holnap újra hívni
Please call again tomorrow

Megmondom, hogy ön kereste
I'll tell him you called

Tessék talán később újra megpróbálni
You may try perhaps a little later

HEALTH

British citizens in need of urgent medical attention in Hungary are treated free of charge under a mutual agreement between the two countries, but, since this agreement does not cover all types of medical care, it is wise to take out medical insurance as well. Go first to the district GP (**körzeti orvos**), who will diagnose your problem and, if necessary, send you to a specialist clinic (**szakrendelő**). Some bigger hospitals and clinics accept out-patients who haven't been referred by a GP – so if you know exactly what you need, you may be able to go directly to these clinics. For dental emergencies go to the **Stomatológiai Intézet**, which provides 24-hour cover in major cities.

Chemist's (**gyógyszertár** *d-yawd-yussertar* or **patika** *putikuh*) are strictly pharmacies and sell medicine only. They are open from 9 am to 5 pm, but beyond these hours there is a chemist on duty in every district – the address can be found on the door of every pharmacy.

Although some medicines may not be available, the medical standard of specialist clinics is fairly high in Hungary and some have even achieved a world-wide reputation. There are about a dozen spa-centres around the country, where for the duration of the cure, there is resident medical supervision and at the same time you can enjoy a holiday in the luxury of a four-star hotel.

USEFUL WORDS AND PHRASES

accident	baleset	*buleh-shet*
ambulance	mentők	*menturk*
anaemic	vérszegény	*vayrssegayn-yuh*
appendicitis	vakbélgyulladás	*vukbayld-yoolludash*
appendix	vakbél	*vukbayl*
aspirin	kalmopyrin	*kulmopirin*
asthma	aszma	*ussmuh*
backache	hátfájás	*hatfa-yash*

bandage	kötszer	*kurt-ser*
bite *(by dog)*	harapás	*harupash*
(by insect)	csípés	*cheepaysh*
bladder	húgyhólyag	*hood-yuhaw-yug*
blister	hólyag	*haw-yug*
blood	vér	*vayr*
blood donor	véradó	*vayrudaw*
burn	égés	*aygaysh*
cancer	rákbetegség	*rakbetegshayg*
casualty	baleseti osztály	*buleh-sheti ossta-yuh*
department		
check-up	orvosi kivizsgálás	*orvoshi kivizhgalash*
chemist's	patika	*putikuh*
chest	mellkas	*melkush*
chickenpox	bárányhímlő	*baran-yuheemlur*
cold	megfázás	*megfazash*
concussion	eszméletvesztés	*essmayletvestaysh*
constipation	székrekedés	*saykrekedaysh*
contact lenses	kontaktlencse	*kontuktlencheh*
corn	tyúkszem	*t-yookssem*
cough *(noun)*	köhögés	*kurhurgaysh*
cut	vágás	*vagash*
dentist	fogorvos	*fogorvosh*
diabetes	cukorbetegség	*tsookorbetegshayg*
diarrhoea	hasmenés	*hushmenaysh*
dizzy	szédülékeny	*sayd-ewlayken-yuh*
doctor *(female)*	orvosnő, doktornő	*orvoshnur, doktorniur*
(male)	orvos, doktor	*orvosh, doktor*
earache	fülfájás	*fewlfa-yash*
fever	láz	*laz*
filling	tömés	*turmaysh*
first aid	elsősegély	*elshursheguy*
flu	influenza	*infloo-enzuh*
fracture	törés	*tur-raysh*
German measles	rubeóla	*roobe-awluh*
glasses	szemüveg	*sem-ewveg*
haemorrhage	vérzés	*vayrzaysh*

99

hayfever	szénanátha	*saynunat-huh*
headache	fejfájás	*fayfa-yash*
heart	szív	*seev*
heart attack	infarktus	*infarktoosh*
hospital	kórház	*kawrhaz*
ill	beteg	*beteg*
indigestion	gyomorrontás	*d-yomorrontash*
injection	injekció	*in-yektsi-aw*
itch	viszketés	*vissketaysh*
kidney	vese	*vesheh*
lump	csomó	*chomaw*
measles	kanyaró	*kun-yuraw*
migraine	migrén	*migrayn*
mumps	mumsz	*moomss*
nausea	hányinger	*han-yinger*
nurse *(female)*	ápolónő	*apolawnur*
(male)	beteggondozó	*beteggondozaw*
operation	operáció	*operatsi-aw*
optician	látszerész	*latsserayss*
pain	fájdalom	*fa-yudulom*
painkiller	fájdalomcsillapító	*fa-yudulom-chillupeetaw*
penicillin	penicillin	*penitsilin*
plaster *(sticky)*	sebtapasz	*shebtupuss*
plaster of Paris	gipsz	*gips*
pregnant	terhes	*terhesh*
prescription	recept	*retsept*
rheumatism	reuma	*re-oomuh*
scald	leforrázás	*leforrazash*
scratch	vakar	*vukar*
smallpox	hímlő	*heemlur*
sore throat	torokfájás	*torokfa-yash*
splinter	szálka	*salkuh*
sprain	rándulás	*randoolash*
sting	csípés	*cheepaysh*
stomach	gyomor, has	*d-yomor, hush*
temperature	hőemelkedés	*hur-emelkedaysh*
tonsils	mandula	*mundooluh*

tonsillitis	mandulagyulladás	*mundoolud-yooludash*
toothache	fogfájás	*fogfa-yash*
travel sickness	tengeribetegség	*tengeribeteg-shayg*
ulcer	gyomorfekély	*d-yomorfekay*
vaccination	beoltás	*beoltash*
vomit *(verb)*	hányni	*han-yuni*
water cures	fürdőkúra	*fewrdurkoora*
whooping cough	szamárköhögés	*sumarkur-hurgaysh*

I have a pain in ...
Fájdalmat érzek a ...-ban
fa-yudulmut ayrzek uh ...-bun

I do not feel well
Rosszul érzem magam
rossool ayrzem mugum

I feel faint
Ájulás kerülget
a-yoolash kerewlget

I feel sick
Hányingerem van
han-yingerem vun

I feel dizzy
Szédülök
sayd-ewlurk

It hurts here
Itt szúr
itt soor

It's a sharp/dull pain
Éles/tompa fájdalmat érzek
aylesh/tompuh fa-yudulmut ayrzek

It hurts all the time
Egyfolytában fáj
ed-yufo-yutabun fa-yuh

It only hurts now and then
Csak időnként fáj
chuk idurnkaynt fa-yuh

It hurts when you touch it
Fáj ha hozzáér
fa-yuh huh hozza-ayr

It hurts more at night
Éjszaka jobban fáj
ayssukuh yobbun fa-yuh

It stings/aches
Csíp/fáj
cheep/fa-yuh

I have a temperature
Lázam van
lazum vun

I need a prescription for ...
Szeretnék gyógyszert feliratni ...-ra
seretnayk d-yawd-yussert felirutni ...-ruh

I normally take ...
Rendszerint ...-t szedek
rend-serint ...-t sedek

I'm allergic to ...
Allergiás vagyok a ...-ra
ullergi-ash vud-yok uh ...-ruh

Have you got anything for ...?
Tud valamit adni ...-ra?
tood vulumit udni ...-ruh

Do I need a prescription for ...?
Kell-e ...-hez orvosi vény?
kelleh ...-hez orvoshi vayn-yuh

I have lost a filling
Kiesett a tömésem
ki-eshet uh turmayshem

THINGS YOU'LL SEE

elsősegélyhely	First Aid Post
fogorvos	dentist
fogorvosi rendelő	dentist's surgery
fül-, orr- és gége szakorvos	ear, nose and throat specialist
gyógyszer	medicine
gyógyszertár	pharmacy
kórház	hospital
körzeti orvosi rendelő	district GP's surgery
látszerész	optician
mentők	ambulance
orvos	doctor *(male)*
orvosi rendelő	doctor's surgery
orvosnő	doctor *(female)*
patika	pharmacy
recept	prescription
röntgen	X-ray
röntgenosztály	radiology department
szakrendelő	clinic
ügyeletes gyógyszertár	duty chemist
vény	prescription
vérnyomás	blood pressure

THINGS YOU'LL HEAR

Vegyen be egyszerre ... tablettát
Take ... pills at a time

Vizzel/folyadékkal nyelje le
Swallow it with water/liquid

Rágja meg mielőtt lenyelné
Chew them before swallowing

Szedjen naponta egyszer/kétszer/háromszor ... tablettát
Take ... tablets once/twice/three times a day

Csak lefekvés előtt
Only when you go to bed

Mit szokott szedni?
What do you normally take?

Szerintem orvoshoz kell fordulnia
I think you should see a doctor

Sajnos az nálunk nem kapható
I'm sorry, we don't have that

Ahhoz orvosi vényre van szüksége
For that you need a prescription

MINI-DICTIONARY

about: about 16 körülbelül 16
accelerator gázpedál
accident baleset
accommodation szállás
ache *(noun)* fájdalom
adaptor *(electrical)* adapter
address cím
adhesive ragasztó
after után
aftershave arcvíz
again ismét
against ellen
air-conditioning légkondícionálás
aircraft repülőgép
air freshener levegőfrissítő
air hostess légikisasszony
airline légitársaság
airport repülőtér
alarm clock ébresztőóra
alcohol alkohol
all mind
  all the streets az összes utca
  that's all, thanks ez
  minden
almost majdnem
alone egyedül
already már
always mindig
am: I am vagyok
ambulance mentők
America Amerika
American *(adj)* amerikai
and és
ankle boka
anorak anorák
another *(different)* másik
  (one more) még egy
anti-freeze fagyálló
antique shop régiségkereskedés

antiseptic fertőtlenítő
apartment lakás
aperitif aperitif
appetite étvágy
apple alma
application form űrlap
appointment találkozó
  to make an appointment
  találkozót megbeszélni
apricot barack
are: you are van
  (singular familiar) vagy
  (plural) vannak
  (plural familiar) vagytok
  we are vagyunk
  they are vannak
arm kar
art művészet
art gallery képcsarnok
artist művész
as mint
  as soon as possible amint
  lehet
ashtray hamutálca
asleep: he/she's asleep alszik
at ...-nál, ...-nél
  at the post office a postánál
  at the restaurant az
  étteremnél
  at night éjjel
  at 3 o'clock három órakor
attractive vonzó
aunt nagynéni
Australia Ausztrália
Australian *(adj)* ausztráliai
Austria Ausztria
Austrian *(man)* osztrák férfi
  (woman) osztrák nő
  (adj) osztrák

Austro-Hungarian Empire
  Osztrák-Magyar Monarchia
automatic automata
away el
  is it far away? messze van?
  go away! menjen el!
awful borzasztó
axe fejsze
axle tengely

baby kisbaba
back *(not front)* hátsó
  (body) hát
bacon szalonna
  bacon and eggs tükörtojás
  szalonnával
bad rossz
bait csalétek
bake sütni
baker's pékbolt
balcony erkély
ball *(football)* labda
  (tennis) tenniszlabda
ball-point pen golyóstoll
banana banán
band *(musicians)* együttes
bandage kötés
bank bank
banknote bankjegy
bar bár
  coffee bar eszpresszó
  sandwich bar büfé
  a bar of chocolate egy tábla
  csokoládé
barbecue lacipecsenye
barber borbély
bargain jó vásár
basement pince
basin *(sink)* mosdókagyló
basket kosár
bath fürdő
  to have a bath megfürödni

bathing hat fürdősapka
bathroom fürdőszoba
battery *(radio)* elem
  (car) akkumulátor
beach strand
beans bab
beard szakáll
because mert
bed ágy
bed linen ágynemű
bedroom hálószoba
beef marhahús
beer sör
before előtt
beginner kezdő
behind mögött
beige bézs
bell *(church)* harang
  (door) csengő
below alatt
belt szíj
beside mellett
best legjobb
better jobb
between között
bicycle bicikli
big nagy
bikini bikini
bill számla
bin liner szemeteszsák
bird madár
birthday születésnap
  happy birthday! boldog
  születésnapot!
  birthday present születésnapi
  ajándék
biscuit keksz
bite *(verb)* harapni
  (noun) harapás
  (by insect) csípés
bitter keserű
black fekete

blackberry szeder
blanket takaró
bleach *(verb: hair)* szőkíteni
  (noun) fehérítő
blind vak
blister hólyag
blood vér
blouse blúz
blue kék
boat hajó
  (smaller) csónak
body test
Bohemia Csehország
Bohemian *(man)* cseh férfi
  (woman) cseh nő
  (adj) cseh
boil *(verb)* forralni
bolt *(verb)* elreteszelni
  (noun: on door) retesz
bone csont
bonnet motorháztető
book *(noun)* könyv
  (verb: tickets) megváltani
  (verb: table, room etc)
  lefoglalni
booking office jegypénztár
bookshop könyvesbolt
boot *(car)* csomagtartó
  (footwear: ankle) bakancs
  (footwear: high) csizma
border határ
boring unalmas
born: I was born in... ...-ban
  születtem
borrow kölcsönkérni
both mindkettő
  both of them mindketten
  both of us mindkettőnk
  both... and... mind... mind...
bottle üveg
bottle-opener sörnyitó
bottom *(of lake etc)* fenék

bowl mélytányér
box doboz
boy fiú
boyfriend fiúja
  my boyfriend fiúm
bra melltartó
bracelet karkötő
braces *(for trousers)* nadrágtartó
  (for teeth) fogszabályozó
brake *(noun)* fék
  (verb) fékezni
brandy brandy
  (local) pálinka
  (cognac) konyak
bread kenyér
breakdown *(car)* lerobbanás
  (nervous) idegösszeroppanás
breakfast reggeli
breathe lélegezni
  I can't breathe nem kapok levegőt
bridge híd
briefcase aktatáska
British brit
brochure brosúra
broken eltört
  I've got a broken leg eltört a lábam
  it's broken el van törve
brooch melltű
brother testvér; *(elder)* báty; *(younger)*
  öcs
  my elder brother bátyám
brown barna
bruise horzsolás
brush *(noun)* kefe
  (for paint) ecset
  (verb) lesöpörni
bucket vödör
building épület
Bull's Blood® *(wine)* Egri
  Bikavér®
bumper lökhárító
burglar betörő

burn *(verb)* megégetni
  (noun) égés
bus autóbusz
bus station buszmegálló
business üzlet
  it's none of your business
  semmi köze hozzá
busy *(occupied)* elfoglalt
  (bar) forgalmas
but de
butcher's hentesáru
butter vaj
button gomb
buy vásárolni
by: by the window az ablak mellett
  by Friday péntekre
  by myself magamtól

cabbage káposzta
café kávéház
cagoule anorák
cake sütemény
calculator számológép
call: what's it called? hogy
  hívják?
camera fényképezőgép
campsite camping
camshaft vezérműtengely
can *(tin)* konzerv
  can I have...? kaphatnék...?
  can you ...? tudna ...
  I can't ... nem tudok ...
Canada Kanada
Canadian *(adj)* kanadai
cancer rák
candle gyertya
canoe kajak
cap *(bottle)* kupak
  (hat) sapka
car autó
caravan lakókocsi
carburettor karburátor

card kártya
cardigan kardigán
careful óvatos
  be careful! vigyázz!
Carpathian Mountains a Kárpátok
carpet szőnyeg
carriage *(train)* vagon
carrot sárgarépa
carry-cot hordozható gyermekágy
case *(suitcase)* bőrönd
cash készpénz
  to pay cash készpénzzel fizetni
cassette kazetta
cassette player kazettás magnó
castle vár
cat macska
cathedral székesegyház
Catholic katolikus
cauliflower karfiol
cave barlang
cemetery temető
centre központ
certificate igazolás
chair szék
chambermaid szobalány
chamber music kamarazene
change *(noun: money)* aprópénz
  (verb: clothes) átöltözni
  (verb: bus, train) átszállni
  (verb: money) beváltani
cheap olcsó
cheers! egészségéünkre!
cheese sajt
chemist's *(pharmacy)* gyógyszertár
  (household goods) háztartási bolt
  (cosmetics) illatszerbolt
cheque csekk
cheque book csekk-füzet
cherry cseresznye
chess sakk
chest mellkas
chewing gum rágógumi

chicken csirke
child gyerek
children gyerekek
china porcelán
chips sült krumpli
chocolate csokoládé
 a box of chocolates egy doboz
 csokoládé
chop *(food)* szelet
 (to cut) felszeletelni
Christian name keresztnév
church templom
cigar szivar
cigarette cigaretta
cinema mozi
city város
city centre városközpont
class osztály
classical music klasszikus zene
clean tiszta
clear *(obvious)* világos
 (water) tiszta
 is that clear? érti?
clever okos
clock óra
close *(near)* közel
 (stuffy) fülledt
 (verb) bezárni
closed zárva
clothes ruha
club klub
 (golf) ütő
 (cards) treff
clutch kuplung
coach távolsági autóbusz
 (of train) vagon
coach station távolsági
 autóbuszállomás
coat kabát
coathanger *(in cupboard)* vállfa
cockroach svábbogár
coffee kávé

coin érme
cold *(illness)* megfázás
 (adj) hideg
 I'm cold fázom
collar gallér
collection *(stamps etc)* gyűjtemény
colour szín
colour film színes film
comb *(noun)* fésű
 (verb) fésűlni
come jönni
 I come from ... ...-i vagyok
 we came last week múlt héten
 jöttünk
 come here! jöjjön ide!
communication cord vészjelző
communism kommunizmus
compartment fülke
complicated bonyolult
computer számítógép
concert koncert
conditioner *(hair)* hajbalzsam
conductor *(bus)* kalauz
 (orchestra) karmester
congratulations! gratulálok!
constipation székrekedés
consulate konzulátus
contact lenses kontaktlencse
contraceptive fogamzásgátló
cook *(noun)* szakács
 (verb) főzni
cooking utensils főzőeszköz
cool hűvös
cork dugó
corkscrew dugóhúzó
corner sarok
corridor folyosó
cosmetics kozmetika
cost *(noun)* költség
 (verb) kerülni
 what does it cost? mennyibe
 kerül?

cotton pamut
cotton wool vatta
cough *(verb)* köhögni
  (noun) köhögés
country *(state)* ország
  (not town) vidék
cousin unokatestvér
  (male: elder) unokabáty
  (male: younger) unokaöcs
  (female: elder) unokanővér
  (female: younger) unokahúg
crab rák
cramp görcs
crayfish *(fresh-water)* folyami rák
cream tejszín
  (for skin) krém
credit card hitelkártya
crew személyzet
crisps rőseibni
Croatia Horvátország
Croatian *(man)* horvát férfi
  (woman) horvát nő
  (adj) horvát
crowded zsúfolt
cruise sétahajózni
crutches mankó
cry *(weep)* sírni
  (shout) kiabálni
cucumber uborka
cufflinks mandzsetta
cup csésze
cupboard szekrény
curlers hajcsavaró
curls bodorított haj
curtain függöny
Customs vám
cut *(noun)* vágás
  (verb) vágni
Czechoslovakia Csehszlovákia
Czechoslovakian *(man)*
csehszlovák férfi
  (woman) csehszlovák nő

  (adj) csehszlovák

dad apu
dairy *(shop)* tejbolt
damp nyirkos
dance *(noun)* tánc
  (verb) táncolni
dangerous veszélyes
Danube Duna
Danube-bend Dunakanyar
dark sötét
daughter lánya
  my daughter lányom
day nap
dead halott
deaf süket
dear *(person)* kedves
  (expensive) drága
deckchair nyugágy
deep mély
deliberately szándékosan
dentist fogorvos
dentures műfogsor
deny tagadni
  I deny it tagadom
deodorant dezodor
department store áruház
departure indulás
develop *(film)* előhívni
diamond *(jewel)* gyémánt
  (cards) káró
diarrhoea hasmenés
diary napló
dictionary szótár
die meghalni
diesel dízel
different különböző
  that's different az más
  I'd like a different one egy
másikat szeretnék
difficult nehéz
dining room ebédlő

directory *(telephone)* telefonkönyv
dirty piszkos
disabled rokkant
distributor *(car)* elosztó
dive *(verb)* búvárkodás
diving board ugródeszka
divorced elvált
do csinálni
doctor doktor
document irat
dog kutya
doll baba
dollar dollár
door ajtó
double room kétágyas szoba
doughnut fánk
down le
downstairs lent
drawing pin rajzszeg
dress ruha
drink *(noun)* ital
  (verb) inni
  would you like a drink?
  meghívhatom egy italra?
drinking water ivóvíz
drive *(verb)* vezetni
driver vezető
driving licence vezetői
  jogosítvány
drunk részeg
dry száraz
dry cleaner vegytisztító
dummy *(for baby)* cumi
during közben
dustbin szemétláda
duster portörlő
duty-free vámmentes

each *(every)* mindegyik
  twenty forints each húsz
  forint   darabja
ear(s) fül

early kora
  I arrived early korán érkeztem
earrings fülbevaló
east kelet
easy könnyű
eat enni
egg tojás
either: either of them akármelyik
  either... or... vagy... vagy...
elastic nyúlékony
elastic band gumiszalag
elbow könyök
electric elektromos
electricity áram
else: something else másvalami
  someone else másvalaki
  somewhere else máshol
embarrassing kellemetlen
embassy követség
embroidery hímzés
emerald smaragd
emergency baleset
empty üres
end vége
engaged *(couple)* eljegyzett
  (occupied) foglalt
engine motor
England Anglia
English *(adj)* angol
Englishman angol férfi
Englishwoman angol nő
enlargement nagyítás
enough elég
entertainment szórakozás
entrance bejárat
envelope boríték
escalator mozgólépcső
especially különösképp
evening este
every minden
everyone mindenki
everything minden

everywhere mindenhol
example példa
  for example például
excellent kitűnő
excess baggage poggyásztúlsúly
exchange *(verb)* beváltani
exchange rate valutaárfolyam
excursion kirándulás
excuse me! *(to get attention)*
  legyenszives!
exit kijárat
expensive drága
extension *(telephone)* mellék
eye(s) szem
eye drops szemcsepp

face arc
faint *(unclear)* halvány
  (verb) elájulni
  I feel faint hirtelen elgyengültem
fair *(funfair)* vidámpark
  (just) igazságos
  it's not fair ez nem igazságos
false teeth műfogsor
family család
fan *(ventilator)* ventillátor
  (sport enthusiast) szurkoló
  (music enthusiast) rajongó
fan belt ékszíj
far messze
  how far is ...? milyen messze
  van ...?
fare díj
farm gazdaság
farmer gazda
fashion divat
fast gyors
fat *(of person)* kövér
  (noun: on meat) zsír
father apa
fax telefax
feel érezni

I feel hot melegem van
I feel like ... ...-hez van kedvem
I don't feel well nem érzem jól
  magam
feet láb
felt-tip pen filctoll
ferry komp
fever láz
fiancé vőlegény
fiancée menyasszony
field mező
  (agricultural) szántóföld
fig füge
filling *(tooth)* tömés
film film
filter szűrő
finger ujj
fire tűz
fire extinguisher tűzoltókészülék
fireworks tüzijáték
first első
first aid elsősegély
first floor első emelet
fish hal
Fishermen's Bastion
  Halászbástya
fishing horgászás
  to go fishing horgászni
fishing rod horgászbot
fishmonger halárus
fizzy szénsavas
flag zászló
flash *(camera)* vaku
flat *(level)* lapos
  (apartment) lakás
flavour íz
flea bolha
flight repülőjárat
flour liszt
flower virág
flu megfázás
flute fuvola

fly *(verb)* repülni
  (insect) légy
fog köd
folk art népművészet
folk music népzene
food étel
food poisoning ételmérgezés
foot láb
football *(game)* futball
  (ball) focilabda
for ...-ért
  for money pénzért
  for me értem
  what for? miért
  for a week egy hétre
foreigner külföldi
forest erdő
fork villa
fortnight két hét
fountain pen töltőtoll
fourth negyedik
fracture csonttörés
France Franciaország
free szabad
  (no cost) ingyen
freezer mélyhűtő
fridge hűtőszekrény
friend barát
friendly barátságos
front: in front of ... ... előtt
frost fagy
fruit gyümölcs
fruit juice gyümölcslé
fry sütni
frying pan serpenyő
full tele
  I'm full tele vagyok
full board teljes ellátás
funnel *(for pouring)* tölcsér
funny *(amusing)* vicces
  (odd) furcsa
furniture bútor

garage *(at home)* garázs
  (service station) szervíz
garden kert
garlic fokhagyma
gas-permeable lenses
  oxigénáteresztő lencse
gay *(homosexual)* homoszexuális
gear *(in car)* sebességváltó
gear lever sebváltókar
Gellert Hill Gellérthegy
gents *(toilet)* férfi WC
German *(man)* német férfi
  (woman) német nő
  (adj) német
Germany Németország
get *(fetch)* elhozni
  have you got ...? van ...-juk?
get back: we get back tomorrow
  holnapra visszaérünk
  to get something back
  visszakapni valamit
get in bejutni
  (arrive) megérkezni
get out kijutni
get up *(rise)* felkelni
gift ajándék
gin gin
girl lány
girlfriend barátnő
give adni
glad: to be glad örülni
  I'm glad örülök
glass üveg
  (to drink) pohár
glasses szemüveg
gloss prints fényes fénykép
gloves kesztyű
glue ragasztó
go menni
  I am going elmegyek
goggles úszószemüveg
gold arany

good jó
  good! nagyszerű!
goodbye viszontlátásra
good day jónapot
government kormány
  (state) állam
granddaughter unokalánya
grandfather nagypapa
grandmother nagymama
grandson unokafia
grapes szőlő
grass fű
Great Britain Nagy-Britannia
Great Plains az Alföld
green zöld
greengrocer zöldségesbolt
grey szürke
grill *(verb)* roston sütni
grocer *(shop)* élelmiszerbolt
ground floor földszint
ground sheet sátorfenék
guarantee *(noun)* garancia
  (verb) garantálni
guard őr
guide book útikönyv
guitar gitár
gun *(rifle)* puska
  (pistol) pisztoly
gypsy cigány
gypsy band cigányzenekar
gypsy music cigányzene

hair haj
haircut hajvágás
hairdresser fodrász
hair dryer hajszárító
hair spray hajlakk
half fél
  half an hour félóra
half board félpanzió
ham sonka
hamburger hamburger

hammer kalapács
hand kéz
handbag retikül
hand brake kézifék
handkerchief zsebkendő
handle *(door)* kilincs
handsome jóképű
hangover: I've got a hangover
  másnapos vagyok
happy boldog
harbour kikötő
hard kemény
  (difficult) nehéz
hard lenses kemény lencse
hat kalap
have: I don't have ... nekem nincs ...
  can I have ...? kaphatnék ...-t?
  have you got ...? van ...-juk?
  I have to go now most mennem
  kell
hayfever szénanátha
he ő
head fej
headache fejfájás
headlights fényszóró
hear hallani
hearing aid hallókészülék
heart szív
heart attack szívroham
heating fűtés
heavy nehéz
heel sarok
hello jónapot
help *(noun)* segítség
  (verb) segíteni
  help! segítség!
her: it's her ő az
  it's for her neki szól
  give it to her adja oda neki
  her house az ő háza
  her shoes az ő cipője
  it's hers az övé

here itt
Heroes' Square Hősök Tere
high magas
highway code a kresz
hill hegy
him: it's him ő az
  it's for him neki szól
  give it to him adja oda neki
hire *(car)* bérelni
his: his house az ő háza
  his shoes az ő cipője
  it's his az övé
history történelem
hitch-hike autóstoppolni
hobby hobbi
holiday szabadság
honest becsületes
honey méz
honeymoon nászút
horn *(car)* duda
horrible borzalmas
horse ló
horse-riding lovaglás
  to go horse-riding lovagolni
hospital kórház
hot forró
hour óra
house ház
how? hogyan?
Hungarian *(man)* magyar férfi
  (woman) magyar nő
  (adj) magyar
Hungary Magyarország
hungry éhes
  I'm hungry éhes vagyok
hurry *(verb)* sietni
  hurry up! siessen!
  I'm in a hurry sietek
husband férj

I én
ice jég

ice cream fagylalt
ice cube jégkocka
if ha
ignition gyújtás
ill beteg
immediately azonnal
impossible lehetetlen
in ...-ban, ...-ben
  in the hotel a szállodában
  in the restaurant az étteremben
  in English angolul
indicator index
indigestion gyomorrontás
infection fertőzés
information felvilágosítás
injection injekció
injury sérülés
ink tinta
inner tube belső
insect rovar
insect repellent rovarriasztó
insomnia álmatlanság
insurance biztosítás
interesting érdekes
interpreter tolmács
invitation meghívás
Ireland Írország
Irish *(adj)* írországi
Irishman ír férfi
Irishwoman ír nő
iron *(metal)* vas
  (for clothes) vasaló
ironmonger vaskereskedés
is: he/she is ... ő van
island sziget
it az
Italy Olaszország
itch *(noun)* viszketés
  it itches viszket

jacket zakó
jam lekvár

jazz dzsessz
jealous féltékeny
jeans farmernadrág
jellyfish medúza
jeweller ékszerész
job állás
jog *(verb)* kocogni
　to go for a jog kocogni menni
joke vicc
journey utazás
jumper pulóver
just *(only)* csak
　(right now) éppen
　it's just arrived éppen most
　érkezett
　I've just one left éppen csak
　egy maradt

key kulcs
kidney vese
kilo kiló
kilometre kilométer
kitchen konyha
knee térd
knife kés
knit kötni
know tudni
　I don't know nem tudom

label cimke
lace csipke
laces *(of shoe)* cipőfűző
ladies *(toilet)* női WC
lake tó
Lake Balaton a Balaton
lamb bárány
lamp lámpa
lampshade lámpaernyő
land *(noun)* föld
　(verb) leszállni
language nyelv
large nagyméretű

last *(final)* utolsó
　last week múlt héten
　last month múlt hónapban
　at last! végre!
late: it's getting late későre jár
　the bus is late késik a busz
laugh nevetni
launderette önkiszolgáló mosoda
laundry *(place)* ruhatisztító
　(dirty clothes) szennyes
laxative hashajtó
lazy lusta
leaf falevél
leaflet röpcédula
learn tanulni
leather bőr
left *(not right)* bal
　there's nothing left elfogyott
left luggage locker csomagmegőrző
　automata
leg láb
lemon citrom
lemonade limonádé
lend kölcsönadni
length a hossza
lens lencse
less kevesebb
lesson lecke
letter levél
letterbox levélláda
lettuce fejes saláta
library könyvtár
licence *(for fishing etc)* engedély
　(driving) jogosítvány
life élet
lift *(in building)* lift
　**could you give me a lift
　to ...?** el tudna vinni ...-ig?
light *(not heavy)* könnyű
　(not dark) világos
light meter fénymérő
lighter öngyújtó

116

lighter fuel öngyújtógáz
like *(verb)* szeretni
  I like swimming szeretek úszni
  it's like ... olyan mint ...
lip salve szőlőzsír
lipstick rúzs
liqueur likőr
list lista
litre liter
litter hulladék
little *(small)* kicsi
  it's a little big egy kicsit nagy
  just a little csak egy kicsit
liver máj
lobster homár
lollipop nyalóka
long hosszú
  how long does it take?
  meddig tart?
lorry teherautó
lost property talált tárgyak
lot: a lot sok
loud hangos
lounge hall
love *(noun)* szeretet
  (verb) szeretni
lover szerető
low alacsony
lowland alföld
luck szerencse
  good luck! sok szerencsét!
luggage csomag
luggage rack csomagtartó
lunch ebéd

magazine képes folyóirat
mall posta
make csinálni
make-up arckifestés
man férfi
manager vezető
map térkép

a map of Budapest egy
budapesti térképet
marble márvány
margarine margarin
market piac
marmalade narancslekvár
married *(couple)* házas
  (of man) nős
  (of woman) férjezett
mascara szempillafesték
mass *(church)* istentisztelet
mast árbóc
match *(light)* gyufa
  (sport) meccs
material *(cloth)* ruhaanyag
mattress matrac
maybe lehet
me: it's me én vagyok az
  it's for me nekem szól
  give it to me adja ide nekem
meal étkezés
meat hús
mechanic autószerelő
medicine gyógyszer
meeting találkozó
melon sárgadinnye
menu étlap
message üzenet
midday délben
middle közép
  in the middle közepében
midnight éjfél
mile mérföld
milk tej
mine: it's mine az enyém
mineral water ásványvíz
minute perc
mirror tükör
Miss kisasszony
  Miss Székely Székely kisasszony
mistake tévedés
  to make a mistake hibát elkövetni

monastery rendház
money pénz
month hónap
monument műemlék
moon hold
moped moped
more több
  some more még
morning reggel
  in the morning délelőtt
mosquito szúnyog
mother anya
motorbike motorkerékpár
motorboat motorcsónak
motorway autópálya
mountain hegy
mouse egér
moustache bajusz
mouth száj
move mozogni
  don't move! ne mozduljon!
  (house) elköltözni
movie film
Mr: Mr Bartók Bartók úr
Mrs ...-né
  Mrs Szabó Szabóné
  (formal) asszony
much: not much nem sok
  much better/slower sokkal
  jobb/lassabban
mug bögre
mum anyu
museum múzeum
mushroom gomba
music zene
musical instrument hangszer
musician zenész
mussels éti kagyló
mustard mustár
my: my book könyvem
  my bag táskám
  my keys kulcsom

nail *(metal)* szög
  (finger) köröm
nail file körömreszelő
nail polish körömlakk
name név
nappy pelenka
narrow szűk
near: near the door az ajtóhoz
  közel
  near London London közelében
necessary szükséges
necklace nyaklánc
need *(verb)* kell
  I need ... szükségem van
  there's no need nem kell
needle tű
negative *(photo)* negatív
neither: neither of them
  egyikük sem
  neither ... nor ... sem... sem...
nephew unokaöcs
never soha
new új
news hír
newsagent újságos
newspaper újság
New Zealand Új Zéland
  (adj) újzélandi
New Zealander *(man)* újzélandi
  férfi; *(woman)* újzélandi nő
next következő
  next week jövő héten
  next month a jövő hónapban
  what next? ezután mi lesz?
nice *(person)* szimpatikus
niece unokahúg
night éjszaka
nightclub éjszakai mulató
nightdress hálóing
night porter éjszakai portás
no *(response)* nem
  I have no... nincs ...

noisy zajos
north észak
Northern Ireland Északírország
nose orr
not nem
notebook jegyzetfüzet
nothing semmi
novel regény
now most
nowhere sehol
nudist nudista
number szám
number plate rendszámtábla
nurse ápolónő
nut *(fruit)* dió
  (for bolt) anyacsavar

occasionally időnként
office iroda
often gyakran
oil olaj
ointment kenőcs
OK oké
old *(person, dog etc)* öreg
  (inanimate object) régi
olive olajbogyó
omelette omlet
on ...-on, ...-en
  on the table az asztalon
  on the chair a széken
one egy
onion hagyma
only csak
open *(verb)* kinyitni
  (adj) nyitva
opposite szemben
  opposite the hotel a
  szállodával szemben
optician látszerész
orange *(colour)* narancsszínű
  (fruit) narancs
orange juice narancslé

orchestra zenekar
ordinary általános
organ szerv
  (music) orgona
our a mi ...-énk
  it's ours a miénk
out: he's out nincs otthon
outside kint
over *(above)* fölé
  over there odaát, ott
overtake előzni

pack of cards kártyapakli
package csomagolás
packet doboz
  a packet of ... egy doboz ...
padlock lakat
page oldal
pain fájdalom
paint *(noun)* festék
pair pár
palace palota
pale *(face)* sápadt
  (colour) halvány
pancakes palacsinta
paper papír
parcel csomag
pardon? tessék?
parents szülők
park *(noun)* park
  (verb) parkolni
parsley petrezselyem
party *(celebration)* parti
  (group) csoport
  (political) párt
passenger utas
passport útlevél
pasta tészta
path gyalogösvény
pavement járda
pay fizetni
peach őszibarack

peanuts mogyoró
pear körte
pearl gyöngy
peas zöldborsó
pedestrian gyalogos
peg *(clothes)* csipesz
pen toll
pencil ceruza
pencil sharpener hegyező
penfriend levélbarát
penknife zsebkés
people emberek
   (nation) nép
pepper *(& salt)* bors
   (red/green) paprika
peppermints mentacukor
per: per night éjszakánként
perfect tökéletes
perfume kölni
perhaps talán
perm dauer
permit engedély
petrol benzin
petrol station benzinkút
petticoat alsószoknya
photograph *(noun)* fénykép
   (verb) fényképezni
photographer fényképész
phrase book útiszótár
piano zongora
pickpocket zsebtolvaj
picnic piknik
piece darab
pillow párna
pilot pilóta
pin gombostű
pine *(tree)* fenyőfa
pineapple ananász
pink rózsaszinű
pipe *(for smoking)* pipa
   (for water) cső
piston dugattyú

pizza pizza
place hely
plant növény
plaster *(for cut)* sebragasz
plastic műanyag
plastic bag műanyagszatyor
plate tányér
platform peron
play *(theatre)* színdarab
please *(asking)* kérem
   (offering) tessék
plug dugó
pocket zseb
poison méreg
police rendőrség
policeman rendőr
police station
   rendőrkapitányság
politics politika
poor szegény
   (bad quality) gyenge minőségű
pop music popzene
pork sertéshús
port *(harbour)* kikötő
porter *(for luggage)* hordár
   (hotel) portás
possible lehet
post *(noun)* posta
   (verb) postázni
post box postaláda
postcard levelezőlap
   (picture) képeslap
poster plakát
postman postás
post office postahivatal
potato krumpli
poultry szárnyas
pound *(money)* font
powder por
Prague Prága
pram gyerekkocsi
prawn garnéla rák

prescription recept
pretty *(beautiful)* szép
  (quite) eléggé
priest pap
private privát
problem probléma
  what's the problem? mi a baj?
Protestant protestáns
public *(adj)* nyílvános
  (noun) nyílvánosság
pull húzni
puncture defekt
purple bíbor
purse pénztárca
push tolni
pushchair gyerekkocsi
pyjamas pizsama

quality minőség
quay rakpart
question kérdés
queue *(noun)* sor
  (verb) sorbaállni
quick gyors
quiet csendes
quite *(fairly)* eléggé
  (fully) egészen

radiator radiátor
radio rádió
railway line vasút
rain eső
  it's raining esik
raincoat esőkabát
raisins mazsola
rare *(uncommon)* ritka
  (steak) angolosan
rat patkány
razor blades borotvapenge
read olvasni
reading lamp olvasólámpa
  (bedside) éjjeli lámpa

ready kész
rear lights hátsólámpa
receipt nyugta
receptionist portás
record *(music)* hanglemez
  (sporting etc) rekord
record player lemezjátszó
record shop hanglemezbolt
red piros
refreshments üdítők
registered letter ajánlott levél
relative rokon
relax pihenni
religion vallás
remember emlékezni
  I don't remember nem
  emlékszem
rent *(verb)* bérelni
reservation foglalás
rest *(remainder)* maradék
  (relax) pihenni
restaurant étterem
return *(come back)* visszajönni
  (give back) visszaadni
return ticket retúrjegy
rice rizs
rich gazdag
riding school lovaglóiskola
right *(correct)* helyes
  (direction) jobb
ring *(to call)* felhívni
  (wedding etc) gyűrű
ripe érett
river folyó
road út
rock *(stone)* szikla
  (music) rock-zene
roll *(bread)* zsemle
Romania Románia
Romanian *(man)* román férfi
  (woman) román nő
  (adj) román

roof tető
room szoba
(space) hely
rope kötél
rose rózsa
round *(circular)* köralakú
it's my round *(to pay)* ezt a
kört én fizetem
rowing boat evezőscsónak
rubber *(eraser)* radír
(material) gumi
rubbish szemét
ruby *(stone)* rubin
rucksack hátizsák
rug *(mat)* lábtörlő
(blanket) pokróc
ruins rom
ruler *(for drawing)* vonalzó
rum rum
run *(person)* futni
Russia Oroszország
Russian *(man)* orosz férfi
(woman) orosz nő
(adj) orosz

sad szomorú
safe *(secure)* biztonságos
safety pin biztosítótű
sailing boat vitorlás
salad saláta
salami szalámi
sale *(at reduced prices)*
leértékelés
salmon lazac
salt só
same: the same dress ugyanaz
a ruha
the same people ugyanazok az
emberek
same again please ugyanazt
mégegyszer
sand homok

sandals szandál
sandwich szendvics
sanitary towels havikötő
sauce szósz
saucepan fazék
sauna szauna
sausage kolbász
(frankfurter) virsli
say mondani
what did you say? mit mondott?
how do you say...? hogy
mondják...?
scarf sál
(head) fejkendő
school iskola
scissors olló
Scot *(man)* skót férfi
(woman) skót nő
Scottish skót
Scotland Skócia
screw csavar
screwdriver csavarhúzó
sea tenger
seafood tengeri hal
seat ülés
seat belt biztonsági öv
second *(of time)* másodperc
(in series) második
see látni
I can't see... nem látom
I see! értem már!
sell eladni
sellotape® ragasztószalag
separate *(adj)* különálló
separated különélő
Serb *(man)* szerb férfi
(woman) szerb nő
Serbia Szerbia
Serbian szerb
serious komoly
serviette szalvéta
several több

sew varrni
shampoo sampon
shave *(noun)* borotválkozás
  (verb) megborotválkozni
shaving foam borotvahab
shawl vállkendő
she ő
sheet lepedő
shell kagyló
ship hajó
shirt ing
shoe laces cipőfűző
shoe polish cipőkrém
shoes cipő
shop bolt
shopping vásárlás
  to go shopping bevásárolni
short rövid
shorts rövidnadrág
shoulder váll
shower *(bath)* zuhany
  (rain) zápor
shrimp apró tengeri rák
shutter *(camera)* zár
  (window) redőny
sick *(ill)* beteg
  I feel sick hányingerem van
side *(edge)* széle
  I'm on his/her side én az ő
  oldalán vagyok
sidelights index
sights: the sights of ... ...
  látnivalói
silk selyem
silver *(colour)* ezüstszínű
  (metal) ezüst
simple egyszerű
sing énekelni
single *(one)* egyetlen
  (unmarried) egyedülálló
single room egyszemélyes szoba
sister lánytestvér

  (younger) húg
  (elder) nővér
skid *(verb)* megcsúszni
skin cleanser arclemosó
skirt szoknya
sky ég
sleep *(noun)* alvás
  (verb) aludni
  to go to sleep lefeküdni
sleeping bag hálózsák
sleeping pill altató
slippers papucs
Slovak *(man)* szlovák férfi
  (woman) szlovák nő
Slovakia Szlovákia
Slovakian szlovák
slow lassú
small kicsi
  (in height) alacsony
smell *(noun)* szag
  (verb) érezni
smile *(noun)* mosoly
  (verb) mosolyogni
smoke *(noun)* füst
  (verb) dohányozni
snack falatozás
snow hó
so: so good olyan jó
  not so much nem annyira
soaking solution *(for contact
  lenses)* tárolófolyadék
soap szappan
socks zokni
soda water szódavíz
soft drink üdítőital
soft lenses lágy lencse
somebody valaki
somehow valahogy
something valami
sometimes néha
somewhere valahol
son fia

123

song ének
sorry! pardon!
  I'm sorry sajnálom
soup leves
south dél
South Africa Dél-Afrika
South African dél-afrikai
souvenir szuvenír
Soviet szovjet
Soviet Union Szovjetúnió
spa gyógyfürdőhely
spade *(shovel)* ásó
  (cards) pikk
Spain Spanyolország
spanner franciakulcs
spares alkatrész
spark(ing) plug gyertya
speak beszélni
  do you speak ...? beszél ...?
  I don't speak ... nem
  beszélek...
speed sebesség
speed limit sebességkorlátozás
speedometer kilométeróra
spider pók
spinach spenót
spoon kanál
sprain rándulás
  I've sprained my ankle
  megrándult a bokám
spring *(mechanical)* rugó
  (season) tavasz
stadium stadion
staircase lépcsőház
stairs lépcső
stalagtite cave cseppkőbarlang
stamp bélyeg
stapler fűzőgép
star *(in sky)* csillag
  (film) sztár
start *(verb)* kezdeni
station állomás

statue szobor
steak rostélyos szelet
steal lopni
  it's been stolen ellopták
steam *(bath)* gőzfürdő
steering wheel
  kormánykerék
steppe puszta
stewardess légikisasszony
sting *(noun)* csípés
  (verb) csípni
stockings harisnya
stomach has
stomach ache hasfájás
stop *(verb)* megállni
  (bus stop) megálló
  stop! stop!
storm vihar
strawberry eper
stream *(small river)* patak
street utca
string *(cord)* cérna
  (guitar etc) húr
student diák
stupid hülye
suburbs külváros
sugar cukor
suit *(noun)* öltöny
  (verb) megfelelni
  it suits you jól áll
suitcase bőrönd
sun nap
sunbathe napozni
sunburn leégés
sunglasses napszemüveg
sunny: it's sunny napos az idő
suntan lesülés
suntan lotion napolaj
supermarket élelmiszeráruház
supplement pótdíj
sure biztos
  are you sure? biztos?

surname családnév
sweat *(noun)* izzadtság
  (verb) izzadni
sweatshirt tréningruhafelső
sweet *(not sour)* édes
  (candy) cukorka
swimming costume fürdőruha
swimming pool uszoda
swimming trunks fürdőnadrág
switch *(noun)* kapcsoló
synagogue zsinagóga

table asztal
tablet tabletta
take venni
take off *(verb)* levenni
take-away kifőzés
take-off *(noun)* felszállás
talcum powder hintőpor
talk *(noun)* beszéd
  (verb) beszélni
tall magas
tampon tampon
tangerine mandarin
tap csap
tapestry faliszőnyeg
tea tea
tea towel konyharuha
telegram távirat
telephone *(noun)* telefon
  (verb) telefonálni
telephone box telefonfülke
telephone call telefonhívás
television televízió
temperature hőmérséklet
  I have a temperature lázam van
tent sátor
tent peg sátorcövek
tent pole sátorrúd
than mint
thank *(verb)* megköszönni
  thanks köszönöm

thank you köszönöm szépen
that: that bus az a busz
  that woman az az asszony
  what's that? mi az?
  I think that ... én azt hiszem...
their: their room az ő szobájuk
  their books az ő könyvük
  it's theirs az övék
them: it's them ők azok
  it's for them nekik szól
  give it to them adja oda nekik
then akkor
there ott
  there is/are ... van/vannak ...
  is/are there ...? van/vannak ...?
thermal baths gyógyfürdő
thermos flask termosz
these: these things ezek a dolgok
  these are mine ezek az enyémek
they ők
thick vastag
thin sovány
think gondolni
  I think so én úgy gondolom
  I'll think about it majd
  gondolkozom rajta
third harmadik
thirsty: I'm thirsty szomjas
  vagyok
this: this bus ez a busz
  this man ez az ember
  what's this? mi ez?
  this is Mr ... hadd mutassam
  be ... urat
those: those things azok a dolgok
  those are his azok az övéi
throat torok
throat pastilles torokcukorka
through keresztül
thunderstorm mennydörgéses
  vihar
ticket jegy

125

tie *(noun)* nyakkendő
  (verb) megkötni
tights harisnyanadrág
time idő
  what's the time? mennyi az
  idő?
timetable menetrend
tin konzerv
tin opener konzervnyitó
tip *(money)* borravaló
  (end) csúcs
tired fáradt
  I feel tired fáradt vagyok
tissues papírzsebkendő
to ...-hoz, ...-hez, ...-ba, ...-be
  to the doctor az orvoshoz
  to the police a rendőrséghez
  to England Angliába
  to Vienna Bécsbe
toast *(noun: bread)* pirítós
  (verb: drink) tósztot mondani
tobacco dohány
today ma
together együtt
toilet paper WC-papír
Tokay® *(wine)* Tokaji
  (village) Tokaj
tomato paradicsom
tomato juice paradicsomlé
tomorrow holnap
tongue nyelv
tonic tonik
tonight ma éjjel
too *(also)* szintén
  (excessive) túl
tooth fog
toothache fogfájás
toothbrush fogkefe
toothpaste fogkrém
torch zseblámpa
tour túra
tourist túrista

tourist office túristahivatal
towel törülköző
tower torony
town város
town hall városháza
toy játék
toy shop játékbolt
track suit tréningruha
tractor traktor
tradition hagyomány
traffic forgalom
traffic jam forgalmi dugó
traffic lights közlekedési lámpa
trailer utánfutó
train vonat
Transdanubia Dunántúl
translate lefordítani
transmission *(for car)* áttétel
Transylvania Erdély
Transylvanian *(man)* erdélyi
  férfi
  (woman) erdélyi nő
  (adj) erdélyi
travel agency utazási iroda
traveller's cheque traveller-csekk
tray tálca
tree fa
trousers nadrág
try megpróbálni
tunnel alagút
tweezers csipesz
typewriter írógép
tyre autógumi

Ukraine Ukrajna
Ukrainian *(man)* ukrán férfi
  (woman) ukrán nő
  (adj) ukrán
umbrella esernyő
uncle nagybácsi
under alatt
underground metró

underpants *(for men)*
  alsónadrág
  (for women) bugyi
understand megérteni
  I don't understand nem
  értem
underwear alsónemű
United States az Egyesült
  Államok
university egyetem
unmarried *(man)* nőtlen
  (woman) hajadon
until ...-ig
unusual szokatlan
upwards felfelé
urgent sürgős
us: it's us mi vagyunk
  it's for us nekünk szól
  give it to us adja ide nekünk
use *(noun)* használat
  (verb) használni
  it's no use fölösleges
useful hasznos
usual szokásos
usually általában

vacancy *(room)* szoba kiadó
vacuum cleaner porszívó
vacuum flask termosz
valley völgy
valve szelep
vanilla vanilla
vase váza
veal borjúhús
vegetable zöldség
vegetarian *(person)* vegetariánus
vehicle jármű
very nagyon
vest atlétatrikó
Vienna Bécs
view kilátás
viewfinder kereső

villa villa
village falu
vinegar ecet
violin hegedű
visa vízum
visit *(noun)* látogatás
  (verb) meglátogatni
visitor látogató
vitamin tablet vitamintabletta
vodka vodka
voice hang

wait várni
waiter pincér
  waiter! pincér!
waiting room várószoba
waitress pincérnő
Wales Wales
walk *(noun: stroll)* séta
  (verb) sétálni
  to go for a walk kisétálni
walkman® sétálómagnó
wall fal
wallet pénztárca
war háború
wardrobe ruhaszekrény
warm meleg
was: I was voltam
  he/she/it was volt
washing powder mosópor
washing-up liquid mosogatószer
washing-machine mosógép
wasp darázs
watch *(noun)* karóra
  (verb) figyelni
water víz
waterfall vízesés
wave *(noun)* hullám
  (verb) integetni
we mi
weather időjárás
wedding esküvő

week hét
welcome *(greeting)* istenhozta
(don't mention it) szóra sem
érdemes
wellingtons gumicsizma
Welsh velszi
Welshman velszi fêrfi
Welshwoman velszi nő
were: we were mi voltunk
you were ön volt
(singular familiar) te voltál
(plural) önök voltak
(plural familiar) ti voltatok
they were ők voltak
west nyugat
wet nedves
what? mi?
wheel kerék
wheelchair tolókocsi
when? mikor?
where? hol?
whether vajon
which? melyik?
whisky whisky
white fehér
who? ki?
why? miért?
wide széles
wife feleség
wind szél
window ablak
windscreen szélvédő
wine bor
wine list itallap
wing szárny
with ...-val, ...-vel
with salt sóval
with breakfast reggelivel
with milk tejjel

without nélkül
woman nő
wood *(material)* fa
wool gyapjú
word szó
work *(noun)* munka
(verb) dolgozni
worse rosszabb
worst legrosszabb
wrapping paper csomagolópapír
wrist csukló
writing paper levélpapír
wrong rossz
you're wrong téved

year év
yellow sárga
yes igen
yesterday tegnap
yet még
not yet még nem
yoghurt joghurt
you ön
(singular familiar) te
(plural) önök
(plural familiar) ti
your: your book az ön könyve
(familiar) a te könyved
yours: is this yours? ez az öné?
(familiar) ez a tied?
youth hostel ifjúsági ház
Yugoslavia Jugoszlávia
Yugoslavian *(man)* jugoszláv fêrfi
(woman) jugoszláv nő
(adj) jugoszláv

zip cipzár
zoo állatkert